Mosaik
bei GOLDMANN

Buch

Erfolg lässt sich nicht nur an einer vielversprechenden Karriere festmachen – erfolgreich sein im Leben bedeutet auch, seine Träume zu realisieren, seine Sehnsüchte ernst zu nehmen und sich selbst treu zu bleiben. Die bekannte Erfolgstrainerin Sabine Asgodom verrät ihre Geheimnisse, um Glück, Geld und Gesundheit zu erlangen, zeigt konkrete Strategien auf und hilft bei ihrer Umsetzung. Praktische Übungen und Checklisten für den Alltag sowie zahlreiche Beispiele aus dem persönlichen Leben der Autorin machen diesen Ratgeber zu einem ganz besonderen Begleiter auf dem Weg in eine erfüllende Zukunft.

Autorin

Sabine Asgodom, erfolgreiche Sachbuch- und Ratgeberautorin, ist Deutschlands Netzwerkerin Nummer eins. Seit 1991 arbeitet sie als Managementtrainerin und Coach für Unternehmen, Verbände und Führungskräfte aus Politik und Wirtschaft. 1999 gründete sie ihr eigenes Unternehmen, ASGODOM LIVE, in München.

www.asgodom.de

Von Sabine Asgodom außerdem bei Mosaik bei Goldmann

12 Schlüssel zur Gelassenheit (16986)
Raus aus der Komfortzone, rein in den Erfolg (17136)

Sabine Asgodom

Greif nach den Sternen!

Die 24 Erfolgsgeheimnisse für
Glück, Geld und Gesundheit

Mosaik
bei GOLDMANN

Die Ratschläge in diesem Buch wurden von der Autorin und vom Verlag sorgfältig erwogen und geprüft, dennoch kann eine Garantie nicht übernommen werden. Eine Haftung der Autorin bzw. des Verlags und seiner Beauftragten für Personen-, Sach- und Vermögensschäden ist ausgeschlossen.

FSC

Mix
Produktgruppe aus vorbildlich
bewirtschafteten Wäldern und
anderen kontrollierten Herkünften

Zert.-Nr. SGS-COC-001940
www.fsc.org
© 1996 Forest Stewardship Council

Verlagsgruppe Random House FSC-DEU-0100
Das FSC-zertifizierte Papier *Pamo Sky* für dieses Buch
liefert Arctic Paper Mochenwangen GmbH.

2. Auflage
Vollständige Taschenbuchausgabe Dezember 2002
Wilhelm Goldmann Verlag, München,
in der Verlagsgruppe Random House GmbH
© 2001 Kösel Verlag GmbH & Co., München
Alle Rechte vorbehalten
Umschlaggestaltung: Uno Werbeagentur, München
Umschlagmotiv: © Constanze Wild
Satz: Barbara Rabus
Druck und Bindung: GGP Media GmbH, Pößneck
Kö · Herstellung: Max Widmaier
Printed in Germany
ISBN 978-3-442-16467-7

www.mosaik-goldmann.de

INHALT

EINLEITUNG

Was ist der Sinn des Lebens? Glücklich sein? Ja! Das ist meine persönliche Überzeugung. Wie man Glück für sich buchstabiert? Es gibt verschiedene Möglichkeiten. Wie wäre es mit:

G esundheit
L ust
Ü berzeugung
C hancen
K inder

Oder: **G** eld
L iebe
Ü berfluss
C harisma
K ongruenz

Oder: **G** ottvertrauen
L otteriegewinn
Ü bermut
C ha-Cha-Cha
K leider

Sie allein wissen, welchen Lebenserfolg Sie sich wünschen, in welchen beruflichen, gesellschaftlichen oder privaten Bereichen Sie Ihre Ziele gesetzt haben, Ihre Herausforderungen suchen.

Aber vielleicht würden Sie sich über ein paar Tipps freuen, mit welchen Strategien Sie Ihre Ziele schneller erreichen könnten? Ich werde nach Vorträgen oder in Leserbriefen immer wieder gefragt: Wie haben Sie es geschafft, erfolgreiche berufstätige Frau, seit kurzem Unternehmerin, glückliche Gattin und Mutter, Buchautorin, Herausgeberin und dabei noch so fröhlich zu sein?

Es war eine Herausforderung für mich, mir zu überlegen, welche Erfolgsgeheimnisse mich bis heute geführt haben. Was habe ich auf dieser Welt, von dieser Welt, für diese Welt gelernt? Und was bringt tatsächlich gute Resultate? Dabei konnte ich mich auch auf acht Jahre Trainings und Coachings mit Menschen stützen, die sich Erfolg auf ihre Fahnen geschrieben haben. Was hatte sie gebremst und wie konnten sie die Bremsen lösen? Was hat ihnen weitergeholfen? Welche Aha-Erlebnisse haben sie fasziniert? Selbstverständlich habe ich bei allen Beispielen, die ich in diesem Buch zitiere, Namen und äußere Umstände so verändert, dass nur die Betroffenen sich vielleicht wieder erkennen.

Sei du selbst – dies ist die wichtigste Grundlage für jeden Lebenserfolg.

Warum 24 Erfolgsgeheimnisse? Der Erfolg hat viele Mütter und Väter, natürlich lässt er sich nicht auf eine Formel bringen. Und Sie, die Leserin, der Leser, hätten nicht viel davon, wenn ich Ihnen einfach raten würde: Sei du selbst. Auch wenn das tatsächlich die wichtigste Grundlage für jeden Lebenserfolg ist. Aber da geht die Fragerei schon los: Woher weiß ich, wer ich bin und was ich kann? Woher weiß ich, was ich will? Woher soll ich all die Spielregeln im Job kennen? Wer sagt mir, wie ich mit Krisen umgehen kann? Und überhaupt: Ich will noch so viel lernen.

»Sei du selbst«, das ist nicht nur eine Willenserklärung, das ist eine Entwicklung, die mit Reifung und Erfahrung zu tun hat, mit der Evolution des Einzelnen, die manchmal zur Revolution wird. Und deshalb habe ich dieses Buch nicht als Frau Professor Besserwisser geschrieben, »Man nehme ...«, sondern ich habe versucht, sehr ehrlich von meinen eigenen Entwicklungen zu berichten. Von meinen Schwächen und von meinem Stolz über die Veränderungen. Ich habe nicht nur beschrieben, was ich weiß, sondern auch, woran ich glaube, was mir wichtig ist. Ich vertraue Ihnen meine zum Teil sehr offenen Erkenntnisse zu Ihrem Nutzen an. Den Titel *Greif nach den Sternen!* habe ich an mein Trainermotto angelehnt: »Teach people how to reach for the stars!« In diesem Sinne wünsche ich Ihnen ganz lange Arme!

Ich denke an dieser Stelle an alle, die mich in der Zeit des Konzipierens und Schreibens unterstützt haben: Barbara Kiesewetter als wertvolle Rechercheurin, Monika Jonza, die mir im Büro den Rücken frei gehalten hat, an meine Lektorin Dagmar Olzog mit ihrer Engelsgeduld und natürlich an meinen Mann und meine Kinder, deren Liebe mich trägt. Ich hoffe, das Ergebnis ist Euch Dank genug.

1
SEI STOLZ!

Erinnern Sie sich noch an den Fernseh-Werbespot, in dem Tennis-Ass Boris Becker stolz seinen Einstieg ins Internet verkündete: »Ich bin drin!«? An dieses breite Grinsen, die Freude über das Erreichte? Statt sich über den Spätstarter lustig zu machen (schließlich mailen wir schon seit Jahren!), sollten wir ihn uns zum Vorbild nehmen.

Im Ernst: Sie sollten es mal vor dem Spiegel ausprobieren: Licht an, Lächeln an, »Ich bin drin!«. Wenn das noch nicht so überzeugend rüberkommt, dann heißt es: üben, üben, üben.

Wie stolz sind Sie auf das, was Sie können und leisten? Beim Wort »Stolz« zucken die meisten von uns zusammen. Denn wir verwechseln oft Stolz und Arroganz, und schließlich wollen wir alles andere sein als eine arrogante Zicke oder ein aufgeblasener Fatzke. Aber Stolz ist genau das Gegenteil von Arroganz: Stolz ist ein Zeichen von Stärke, Arroganz ein Zeichen von Schwäche.

**Stolz ist ein Zeichen
von Stärke.**

Wer stolz auf etwas ist, das er geleistet hat, weiß um die Mühe, die dahinter steckt. Wer arrogant ist, tut so, als sei das gar nichts gewesen. Ein Beispiel: Sie sind bei Freunden ins neue Haus eingeladen.

Situation A: Ihre Freunde führen Sie herum und zeigen Ihnen stolz die zwölf Zimmer und den Garten. Sie erzählen dabei auch von den Mühen, die der Bau gekostet hat, von den kleinen Pannen, die es gegeben hat, zeigen Ihnen ihre Lieblingsecken, lassen spüren, wie viel Freude ihnen das neue Daheim macht, und lassen sich dann zufrieden mit einem Glas Sekt aufs neue Sofa plumpsen. Sie selbst können sich mitfreuen, gönnen Ihren Freunden das neue Zuhause, überlegen, ob Sie all die Mühe oder die finanzielle Belastung auf sich nehmen würden, und fühlen sich wohl (über den kleinen Stich Neid reden wir später).

Situation B: Ihre Freunde führen Sie herum und zeigen Ihnen die Zimmer und den Garten. Dabei betonen sie unaufhörlich, welcher Stararchitekt hier tätig war, dass die Eckbadewanne allein 10 000 Mark gekostet hat, dass alles noch viel schöner hätte werden sollen, aber …, wie unzufrieden sie über die Handwerker sind, da läuft auch noch ein Prozess, und sagen, nachdem alle zwölf Zimmer besichtigt worden sind: »Na ja, ist ja nur eine bescheidene Hütte.« Sie selbst fühlen sich unwohl, denn wenn die Freunde mit dieser Villa nicht zufrieden sind, wie fühlen Sie sich dann in Ihrem Reihenhäuschen oder der Etagenwohnung? Der dann servierte Champagner hat einen schalen Geschmack.

Erkennen Sie den Unterschied? Die Freunde aus Situation A sind stolz auf das, was sie erreicht haben, und strahlen dieses positive Gefühl auch aus. Die Freunde aus Situation B hingegen fühlen sich trotz der protzigsten Ausstattung nicht wohl und sicher in ihrem neuen Zuhause. Aus irgendwelchen Gründen können sie sich nicht daran freuen und versuchen die Unsicherheit zu überspielen – mit Arroganz.

Ganz ähnlich reagieren Menschen bei beruflichem Erfolg. Die Psychologinnen Julie Juola Exline und Marci Lobel von der State University of New York[1] haben festgestellt, dass die Freude über einen Erfolg meist dadurch getrübt wird, dass er oft der Misserfolg eines anderen ist. Also: Wenn ich den Traumjob bekomme, heißt es, dass die anderen Bewerber/innen leer ausgegangen sind. Wenn ich befördert werde, muss sich der Kollege, der sich ebenfalls darum bemüht hat, als Unterlegener fühlen. Wenn ich gelobt werde, stellt mich das, wenigstens für eine kurze Zeit, über die Kolleginnen. Besser zu sein als andere bedeutet also, diesen anderen ihre Grenzen aufzuzeigen. Und dieses Wissen raubt einem oft den Spaß am Erreichten.

Wie die Psychologinnen feststellten, geht es nicht allen Menschen gleich. Die »Sensibleren« zeichnen sich durch einige Merkmale aus:

- Sie glauben, dass die anderen Personen sie jetzt als »besser« betrachten, und das ist ihnen unangenehm.
- Sie fühlen sich schuldig, wenn ihnen die andere Person nicht gleichgültig ist, wenn es sich also um Freunde oder gar Verwandte handelt.
- Frauen machen sich Selbstvorwürfe, wenn sie in traditionellen Männerdomänen Erfolg haben, also beispielsweise einem Kollegen ein Projekt wegschnappen.

Ich selbst habe erst auf Grund dieser Untersuchungen einen Konflikt mit einer Freundin verstehen gelernt. Sie arbeitete schon als Managementtrainerin, als ich begann, mich auf diesem Gebiet zu tummeln. Neben meinem Job, anfangs noch als Hobby. Jedes Mal, wenn wir uns trafen und ich von der Vielzahl meiner Erfolge, sprich meiner Aufträge, erzählte, ging ich mit einem schlechten Gewissen nach Hause. Bis vor kurzem dachte ich, sie hätte bei mir das schlechte Gewissen ausgelöst, weil sie es mir übel nahm, wie erfolgreich ich in kurzer Zeit geworden war. Jetzt weiß ich, es war meine eigene Unsicherheit, die mir die Freude nahm. Ich dachte nur, sie müsse mir böse sein, weil ich ihr, quasi als Amateurin, die Aufträge wegschnappte. Heute weiß ich auch, dass meine Angst völlig unbegründet war, denn die Welt ist groß genug für alle.

Deshalb: Seien Sie stolz auf sich! Auf das, was Sie in Ihrem Leben schon erreicht haben; auf Ihre Talente; auf das, was Sie gelernt haben; auf Ihre kleinen und großen Erfolge; auf die Augenblicke, in denen Sie sich gegen andere durchgesetzt haben, gegen die Wünsche Ihrer Eltern vielleicht oder die Vorurteile Ihrer Lehrer/innen; darauf, wie Sie gegen alle Wahrscheinlichkeit und Statistiken Ihren Ausbildungsplatz oder Ihren Traumjob bekommen haben. Wie Sie genau den Mann zu Ihrem Liebsten gemacht haben, vor dem Sie alle gewarnt haben, und damit glücklich geworden sind.

Wichtig ist dabei, aus der »Ich-bin-ja-nur«- oder »Ich-kann-ja-nur«-Rolle herauszukommen. Ein Beispiel: Ich treffe immer wieder auf Frauen, die jahrelang die Kinder und den Haushalt versorgt haben und denen es schwer fällt, daraus Stolz zu entwickeln. Hier eine kleine Argumentationshilfe. Eine Schweizer Untersuchung[2] hat folgende Kompetenzen bei »Familienmanagerinnen« zu Tage gefördert:

- Familienbezogenes Denken/Handeln
- Planung, Koordination, Kontrolle
- Komplexes Problemlösungsverhalten
- Entscheidungsverhalten
- Kommunikation/Kontaktfähigkeit
- Integration/Konfliktverhalten
- Delegation und Führung
- Persönliche Kompetenz
- Pädagogische Kompetenz
- Belastbarkeit

Lassen Sie den Begriff »Familie« weg, haben Sie damit das anspruchsvolle Anforderungsprofil eines Topmanagers!

Stolz entsteht aus der Fähigkeit, den eigenen Anteil an Erfolgen zu erkennen. Nie werden Sie ihn entwickeln können, wenn Sie alle bisherigen Erfolge in Ihrem Leben auf das »Glück« schieben: Sie haben damals diesen Praktikumsplatz bekommen? Reiner Zufall! Sie wurden sehr schnell Gruppenleiter/in? Ja, die haben wohl keinen Besseren gefunden! Ihnen wurde gerade die Filialleitung angeboten? Keine Ahnung, wie die auf mich gekommen sind!

**Streichen Sie das Wort
»Zufall« aus Ihrem
Wortschatz!**

»Zufall« ist immer noch eine häufige Begründung von Menschen, wenn sie nach ihren Erfolgserlebnissen gefragt werden. Streichen

Übung: Nie mehr herumschubsen lassen

Ärgert es Sie, wie Vorgesetzte, Kollegen oder Kunden mit Ihnen reden – herablassend, anmaßend, nörgelnd, unverschämt? Und nie finden Sie in der Situation die richtigen Worte, um sich zu wehren? Dann hilft Ihnen vielleicht diese kleine Übung:

Bitten Sie drei, vier gute Freunde/Freundinnen, sich in einen Kreis um Sie herumzustellen und Sie zu schubsen. Immer wieder mal, hin und her, nicht zu sanft. Und jetzt versuchen Sie mit den verschiedensten Mitteln, das zu stoppen:

1. Phase: Sie stellen sich breitbeiniger hin, richten sich auf, verbessern damit schon mal Ihre Standfestigkeit.

2. Phase: Sie schauen den Schubsern entschlossen und ärgerlich in die Augen.

3. Phase: Sie sagen den Schubsern, dass sie das sein lassen sollen.

4. Phase: Sie schreien die Schubser an: »Lasst das! Hört auf!«

5. Phase: Sie schubsen oder schlagen zurück. Jetzt ist aber Feierabend!

**Nur wer sich nicht wehrt,
wird geschubst, im Spiel wie im
Leben!**

Sie werden anhand Ihrer entschiedenen Reaktionen merken, wie sich das Verhalten der Schubser verändert. Es fällt denen nicht mehr so leicht zu schubsen, wenn Sie sie fixieren, anschreien oder gar schlagen. Nur wer sich nicht wehrt, wird geschubst, im Spiel wie im Leben!

Sie dieses Wort aus Ihrem Wortschatz! Denn die Bescheidenheitsfalle ist tief und fatal – vor allem für Frauen. Die inneren Barrieren sind immer noch die größten Hürden auf der Berufslaufbahn von Frauen, hat die Psychologin Monika Sieverding auf dem 20. Psychologenkongress[3] in Berlin berichtet. Nicht der Mangel an Potential, sondern die Unterschätzung der eigenen Fähigkeiten trage dazu bei, dass Frauen im Rennen um leitende Positionen zurückbleiben oder zu früh aufgeben, das ist das Ergebnis ihrer Bewerberstudie. So redeten beispielsweise alle Studenten während eines kurzen Vortrags über die eigene Selbsteinschätzung länger als Studentinnen und stellten sich positiver dar. In der Fremdeinschätzung zeigten sich die Folgen: Die Männer wurden von den Beobachtern auch als stärker eingestuft.

Das eine ist klar: Wir werden nur mit dem interessanten Projekt betreut oder bekommen das tolle Jobangebot, wenn wir das Wissen um unser Können und unseren Wert selbstbewusst den anderen rüberbringen. Wenn wir unsere Freude an uns selbst und unserer Arbeit vermitteln. Wenn wir Leidenschaft für unseren Beruf ausstrahlen. Warum sollte eigentlich irgendjemand auf uns setzen, wenn wir selbst nicht an uns glauben?

Wenn Sie das nicht können, weil Sie Ihren Beruf hassen, in Ihrem Job unglücklich sind und/oder sich selbst nicht mögen, dann sollten Sie etwas ändern – an sich und an Ihrer Situation! Denn wenn wir verzagt und schwach sind, können uns die anderen nach Belieben herumschubsen, zur Seite drängen oder platt machen. Und das Leben ist zu kurz, um das auch nur einen Tag lang zu akzeptieren. Ich stelle immer wieder fest, dass es Menschen gibt, die ein unsichtbares, aber wirksames Schild mit sich herumtragen: »Ihr dürft mich verletzen.« Es macht Sinn, dieses Schild zu zerreißen und gegen ein anderes zu ersetzen, auf dem steht: »Ihr sollt mich wertschätzen!«

Mein persönliches Erfolgsgeheimnis

Ich bin aufrichtig stolz auf das, was mir im Leben gelungen ist, auf mein Unternehmen, auf meine Ehe, auf meine Kinder. Ja, auch für diese privaten Erfolge musste ich etwas tun. Ich bin stolz, fast 30 Jahre mit meinem Mann zusammenzuleben, einem wunderbaren Mann. Aber ich weiß auch, dass wir harte Beziehungsarbeit für unser Glück geleistet haben. Die Liebe für ein ganzes Leben fällt nicht vom Himmel. Wir haben uns zusammengerauft und viel getan, um das Glück nicht in Routine ersticken zu lassen. Wir achten und respektieren uns, mit allen Fehlern und Eigenheiten. Wir sagen, was uns nicht passt, aber ohne uns dabei zu verletzen. Wir wissen einfach, dass wir zusammengehören, auch wenn es mal schwierig wird.

Ich bin stolz auf meine Tochter und meinen Sohn, heute schon junge Erwachsene. Wunderbare Menschen, die ihren Lebensweg gehen, deren positive Ausstrahlung ich im Beisammensein genieße, deren Freunde ich mag und die ich vertrauensvoll gehen lassen kann. Aber ich sehe auch, dass mein Mann und ich lange Zeit alles andere für die Kinder zurückgestellt haben. Sie waren uns immer wichtiger als irgendetwas sonst auf der Welt, wichtiger als Chefs oder Chefinnen, Karriere oder Geld. Das heißt nicht, dass wir uns zu Sklaven unserer Kinder gemacht hätten, aber sie waren und sind alle »Investitionen« von Zeit, Liebe, Gefühl und Anstrengung, Zärtlichkeit und Gradlinigkeit wert.

Bei allem Stolz spüre ich übrigens auch einen gewissen »Demutsfaktor«. Ich bin zutiefst dankbar für alles, was ich erreicht habe. Nehme nichts als Selbstverständlichkeit – nicht den Erfolg, nicht den Mann, nicht die gesunden Kinder. Ich kann gut akzeptieren, dass ein gütiges Schicksal die Hand über uns hält. Und sehe dies auch als Auftrag. Es spornt mich an, das Beste aus meinem/unserem Leben zu machen.

2

ÜBERNIMM VERANTWORTUNG!

Sie haben Lust auf Erfolg und darauf, die Nummer eins in Ihrer Welt zu werden? Ja, dann los, worauf warten Sie noch? Stehen Sie zu Ihrem Ehrgeiz! »Wer die Eitelkeit bei sich leugnet, besitzt sie gewöhnlich in so brutaler Form, daß er instinktiv vor ihr das Auge schließen muß ...«, schrieb schon Friedrich Nietzsche in *Menschliches, Allzumenschliches*. Stehen Sie zu Ihrem Streben, Ihren Zielen. Denn nur die bringen Sie weiter.

**Stehen Sie zu Ihrem Streben,
Ihren Zielen. Denn nur die
bringen Sie weiter.**

Das Tolle an dieser Vorgabe ist: Sie allein bestimmen, wie Ihr Erfolg aussehen soll. Vergessen Sie Normen und Erwartungen anderer. Es geht um Ihr Glück. Sie setzen die Messlatte selbst. Sie malen das Bild Ihres Lebens selbst, bestimmen die große Linie und die einzelnen Farbtupfer, das Licht und die Schatten.

»Man kann von niemandem erwarten, dass er uns hilft zu leben. Wie wir leben wollen – das müssen wir selber herausfinden«, schreibt der weltbekannte Glücksforscher Mihaly Csikszentmihalyi. Und er sieht es als Entscheidung für das Leben an, dass jeder Mensch seine Einzigartigkeit und Individualität zum Ausdruck bringt – in der Arbeit, in der Familie, in der Freizeit.

Das heißt: die Verantwortung für sein Leben übernimmt. Und das heißt auch, erwachsen zu werden und wie ein/e Erwachsene/r zu entscheiden: nicht angepasst oder trotzig, sondern in großer Freiheit.

In einem Coachinggespräch erzählte mir eine erfolgreiche Rundfunkjournalistin vor einiger Zeit: »Mein Erfolg begann, als ich aus dem Boot der klagenden Frauen ausgestiegen bin.« Sie wollte sagen: als sie sich zu ihrem Ehrgeiz bekannte und aktiv wurde. Als sie nicht länger aus falscher Rücksichtnahme die Handbremse auf dem Weg zum Erfolg anzog, um die anderen in ihrer Umgebung nicht zu verunsichern. Als sie sich auf ihre eigenen Stärken besann.

Den Mut zum eigenen Weg fand in einem solchen Beratungsgespräch auch ein Schauspieler, der Orientierung suchte. Er war jahrelang auf die Rolle des »bösen Buben« festgelegt gewesen, hatte einige Fernseherfolge verzeichnen können, konnte davon gut leben, war aber von dieser Arbeit nicht erfüllt. Er entschloss sich, die weiche, offene Seite seines Wesens mehr zu leben und auch solche Rollen zu suchen. Er hatte erkannt: Die Reduzierung auf ein Image ist oft eine Reduzierung der Persönlichkeit.

Mihaly Csikszentmihalyi schreibt dazu in seinem Buch *Lebe gut!:* »Geben wir unserem Leben keine Richtung, so wird es von außen beherrscht werden und zum Ziel irgendeiner anderen Kraft werden … Um glücklich zu sein, reicht es nicht aus, ein Leben voll exzellenter Leistungen zu führen. Entscheidend ist, dass man glücklich ist, während man etwas tut, das unsere Fähigkeiten erweitert und uns dabei hilft, uns weiterzuentwickeln und unser Potential auszuschöpfen.«[4]

Was erwarten Sie von Ihrem Leben, was ist Ihnen wichtig?

Wenn Sie aus einer festgelegten Rolle herauswollen, wenn Sie die Buntheit der Lebensmöglichkeiten austesten wollen, können Sie als Erstes versuchen, Ihre Lebensmotivation zu erkennen: Was erwarte ich von meinem Leben, was ist mir wichtig? Und im Job: Wozu tue ich das eigentlich alles? Vielleicht macht es Sinn für Sie, Menschen zu helfen, Schwachen zur Seite zu stehen, Gutes zu tun. Und der Wunsch nach einer sinnvollen Arbeit ist ein ganz starkes Motiv. Aber es ist nicht das einzige. Vielleicht ist Spaß das Allerwichtigste in Ihrem Leben, und Sie sind unglücklich in jedem Job, in dem Ihnen das Lachen vergeht. Vielleicht wollen Sie etwas bewegen und brauchen daher die Macht, dies tun zu können. In dem kleinen Test ab Seite 25 können Sie Ihre ganz persönliche Berufsmotivation herausfinden.

Etwas vorweg: Es gibt keine richtigen oder falschen Motive! Moralische Diskussionen brauchen wir nicht zu führen. Sie bestimmen die Farbe Ihrer Flagge, die Sie voranführt. Viele Stunden Trainingsarbeit dauert es oft, bis ein Klient oder eine Klientin endlich dazu stehen kann, dass er/sie beispielsweise als Ziel seiner/ihrer Berufstätigkeit Macht will oder Geld, ja, richtig viel Geld. Dabei ist das völlig okay! Im Gegenteil: Die Scham über solche profanen Wünsche hemmt uns viel zu oft, das zu bekommen, was wir erreichen könnten.

Frauen haben dabei einen noch größeren Nachholbedarf. Die

Statistiken beweisen es: Immer noch verkaufen sie sich in Einstellungs-, Gehalts- oder Honorarverhandlungen viel zu billig, immer noch liegen die Löhne und Gehälter von Frauen in Deutschland um 23 Prozent niedriger als die von Männern. Doch auch bei Männern gibt es die ganz bescheidene Sorte, die sich als Aufschneider vorkämen, wenn sie offensiv auf ihren Wert hinweisen sollten. Das ist zwar sympathisch, aber dem beruflichen Erfolg nicht zuträglich. Hier heißt es klotzen und nicht kleckern: Geld ist fließende Energie, Anerkennung für Leistung und Wert. Geld verdienen macht Spaß. Viel Geld verdienen macht viel Spaß.

Bewusstseinsarbeit gehört aber oft auch dazu, bis jemand sich eingestehen kann, dass ihm Karriere, Geld oder Macht nicht so wichtig sind, wie sie seinem »Status« nach sein müssten. Es dauert, bis er sich klar darüber ist, wie wichtig ihm Harmonie im Leben ist oder Zeit für seine Familie. Welche Befreiung, wenn er erkennt, dass er gar keine Lust hat aufzusteigen, weil ihm die Arbeit, die er jetzt macht, viel mehr Befriedigung bringt. Welch ein Gefühl, wenn er sich endlich als »okay« empfindet, weil er andere Erfolgsziele hat als andere Männer oder Frauen mit seiner Ausbildung und seinem Background.

Früher habe ich gedacht, Frauen hätten es generell schwerer als Männer, in unserer Gesellschaft ihre Individualität zu leben. Doch auch wenn es von außen so aussieht, als wären die Männer die Glücklicheren, weil sie die Machtpositionen innehaben, so sehe ich inzwischen die Wahlmöglichkeiten, die Frauen offen stehen, als die großzügigeren an.

Niemand kann mehr einer Frau, die es wirklich will, den Weg zum beruflichen Erfolg versperren. Aber es ist auch total akzeptiert, wenn sie dann beschließt wieder auszusteigen und sich ihrer Familie zu widmen. Ganz abgesehen, wie sinnvoll dieser Weg in unseren Augen ist, die Wahlmöglichkeit ist da! Welche Überzeugungsarbeit muss ein Mann leisten, der sich aus der Konkurrenzarena verabschiedet, weil er sich um seine Familie kümmern und deshalb kürzer treten will?

Noch einmal, es geht nicht um moralische Kriterien oder darum, was wir »niemals machen« würden. Es geht um die Entscheidungsfreiheit jedes Einzelnen.

Was für ein umwerfendes Gefühl ist es beispielsweise, nach einem Vortrag auf einer Bühne Standing Ovations entgegenzunehmen. Das haut einen um. Da laufen Schauer über den Rücken, und die Augen werden feucht. Das sind wirkliche Glücksmomente, die man genießen sollte. Wunderbar, wenn Ihre Motivation Anerkennung und Ruhm ist und Sie diese durch Ihr Können und durch Ihre Bemühungen auch bekommen! Was soll daran schlecht sein? Warum muss man eine unglückliche Kindheit gehabt haben, wenn man dieses Gefühl immer wieder erleben will, wie uns viele Psychologen einreden wollen?

> **Wer etwas machen will, braucht Macht. Machtlose können nichts bewegen, nichts verändern.**

Auch Macht ist eine gescheite Sache. Leider assoziieren wir allzu oft damit den Begriff »Machtmissbrauch«. Macht, so sage ich immer in meinen Seminaren, ist das Gegenteil von Ohnmacht. Was

Übung: Was turnt Sie im Job richtig an?

Erkennen Sie Ihre Motivation im Beruf. Was ist Ihnen wichtig? Wofür lohnt sich der ganze Stress?

Ruhm	Herausforderung
Spaß	Harmonie
Geld	Muße
Kollegialität	Ehre
Macht	Sinn
Gesundheit	Einfluss
Freude	Anerkennung
Status	Ästhetik
Sicherheit	Abenteuer
Gerechtigkeit	Ordnung

So finden Sie Ihr persönliches Motivationsraster: Vergleichen Sie jeweils zwei nebeneinander stehende Begriffe, z. B. Ruhm und Herausforderung, und entscheiden Sie sich für einen. Streichen Sie den anderen durch. Das Gleiche machen Sie mit dem anderen Wortpaar Spaß und Harmonie; streichen Sie den Wert, der Ihnen weniger wichtig ist. Sind Sie einmal die Liste durch, müssten zehn Begriffe übrig geblieben sein. Fangen Sie wieder oben bei zwei verbliebenen Begriffen an, streichen Sie wieder einen – bis nur noch ein Wert übrig bleibt. Das ist dann Ihre stärkste berufliche Motivation. Bei allen wichtigen Entscheidungen in Ihrem Leben können Sie dieses Motiv quasi als Raster darüber legen:

Bringt es Sie Ihrem Ziel näher? Die zuletzt gestrichenen Motive spielen natürlich auch noch eine Rolle. Erkennen Sie sich wieder? Gefällt Ihnen Ihre Motivation? Stehen Sie dazu! Und nutzen Sie dieses Raster als Entscheidungshilfe. Ein paar Beispiele:

- Gesundheit oder Muße hat für Sie den höchsten Motivationswert? Dann meiden Sie Unternehmen und Jobs, die Sie krank machen. Achten Sie auf Energieräuber! Sorgen Sie für Balance. Für Sie ist das Kapitel 10 besonders wichtig.

- Spaß oder Freude ist Nummer eins in Ihrem Leben? Sie sollten sich die Arbeit und die Kollegen suchen, die Ihr Lebensgefühl stützen und stärken. Mit Miesmachern dürfen Sie nicht arbeiten! Für Sie ist das Kapitel 15 besonders wichtig.

- Anerkennung oder Geld ist Ihnen das Wichtigste? Dann sind Sie dafür vielleicht auch bereit, mehr Stress in Kauf zu nehmen. Der finanzielle Anreiz und das Lob entschädigen Sie voll. Für Sie ist das Kapitel 7 besonders wichtig.

- Ruhm und Ehre sind Ihre Hauptmotivatoren? Dann raus mit Ihnen, Sie gehören auf eine Bühne. Zeigen Sie sich, lassen Sie sich feiern. Für Sie ist das Kapitel 13 besonders wichtig.

- Kollegialität oder Harmonie geht Ihnen über alles? Dann achten Sie bei jedem Bewerbungsgespräch auf die Unternehmenskultur. Wollen Sie jeden Tag durch diese Tür gehen? Für Sie ist das Kapitel 17 besonders wichtig.

- Macht und Einfluss brauchen Sie, um etwas bewegen zu können? Lernen Sie die Spielregeln, die in der Wirtschaft herrschen. Für Sie ist das Kapitel 8 besonders wichtig.

- Abenteuer oder Herausforderung ist für Sie das Salz in der Suppe? Fliehen Sie vor jeder Routinearbeit. Verlassen Sie Jobs, die Sie zu Tode langweilen. Für Sie ist das Kapitel 11 besonders wichtig.

- Status, Sicherheit oder Ordnung ist Ihr bestes Ruhekissen? Dann vermeiden Sie Branchen, die darauf keinen Wert legen, Start-up-Firmen im Internet beispielsweise. Für Sie ist das Kapitel 14 besonders wichtig.

- Sinn oder Gerechtigkeit motivieren Sie zu Höchstleistungen? Checken Sie Ihren Job daraufhin ab. Wissen Sie, wofür Sie all die Arbeit tun? Für Sie ist das Kapitel 19 besonders wichtig.

- Ästhetik ist das Wichtigste in Ihrem Leben? Dann umgeben Sie sich mit schönen Dingen, entwickeln Sie Ihren eigenen Stil. Für Sie ist das Kapitel 6 besonders wichtig.

ist uns lieber? Und: Wer etwas machen will, braucht Macht. Machtlose können nichts bewegen, nichts verändern.

Menschen ohne dieses positive Machtverständnis haben es in Führungspositionen äußerst schwer. Sie scheuen oft klare Forderungen an ihre Mitarbeiter/innen, reagieren hilflos, wenn diese ihre Arbeit nicht pünktlich oder ordentlich abliefern. Sie »eiern« dann mit tausend Begründungen (Entschuldigungen) herum, statt deutlich zu sagen: »Morgen früh erwarte ich Ihren Bericht auf meinem Tisch!« Lieber diskutieren sie ewig, appellieren an den guten Willen und das Einsichtsvermögen. Und scheitern. Weil sie sich ihre Motivation »Macht« nicht zugestehen. Denn Macht ist vor allem in den Augen vieler Frauen immer noch etwas Unanständiges. Der Stachel sitzt tief. Und wie viele Chefinnen bemühen sich zu betonen, dass sie gar keine Macht hätten, vielleicht »Einfluss«, ein bisschen …

Mein persönliches Erfolgsgeheimnis

»Du bist nicht auf der Welt, um so zu sein, wie andere dich haben wollen!« Diesen Satz habe ich vor vielen Jahren das erste Mal gelesen. Und er ist unübertrefflich gut.

Erst mit knapp 40 konnte ich allerdings den Inhalt für mich bejahen. Es hat aber noch länger gedauert, bis ich die volle Verantwortung für mein Leben übernommen habe. Zu lange hatte ich anderen vorgeworfen, dass ich nicht glücklich bin, meinen Eltern, meinen Lehrern, meinem Mann, meinen Chefs … Bis ich erkannte, dass dies keinen Sinn macht, mich nicht befreit. Und heute kann ich aus vollem Herzen bestätigen: Ich bin verantwortlich für mein Leben, für mein Glück, mein Geld, meine Gesundheit.

Thema Geld: Geld war für mich noch nie das Wichtigste in meinem Leben, es stellt keinen Wert an sich dar. Ich habe keinen Ehrgeiz, Geld zu stapeln oder meine Kontoauszüge an die Wand zu hängen. Doch irgendwann habe ich erkannt, dass eine gewisse finanzielle Sicherheit meine Laune hebt, dass mir das Leben ohne Schulden mehr Spaß macht. Und ich habe einen vernünftigen Weg gefunden, dieses Sicherheitsgefühl zu stärken, lege seitdem regelmäßig Geld zurück, bin sparsamer geworden, ohne geizig zu sein. Es ist ein gutes Gefühl.

Thema Gesundheit: Auch hier musste ich erst wirklich erwachsen werden, um die Verantwortung dafür übernehmen zu können. Mein ewiges Problem war mein Übergewicht beziehungsweise mein Wunsch, schlank zu sein. Ich musste erst 47 werden, bis ich endlich begriff, dass mich die Trotzphase, in der ich mich befand, ins Grab bringen würde. Es geht mir besser als je zuvor, und ich bin dankbar für diesen Kick! (Was diese Veränderung bewirkt hat, lesen Sie in Kapitel 20.)

Sie sind für Ihr Leben, Ihr Glück, Ihr Geld, Ihre Gesundheit verantwortlich.

3

SEI SCHLAU!

Haben Sie beschlossen, dieses Jahr zu Ihrem persönlichen Erfolgsjahr zu machen? Dann brauchen Sie einen Plan, einen guten Plan! Ich weiß, viele Menschen sind es nicht gewohnt, strategisch vorzugehen, zu planen und zu handeln, jedenfalls im Beruf. Was im Privatleben wunderbar klappt, fällt im Job so schwer. Oder wie war das damals, als Sie unbedingt die nette Nachbarin/den netten Nachbarn kennen lernen wollten? Wie haben Sie es geschafft, Ihren Kindern das Zähneputzen beizubringen? Wie haben Sie damals unter 100 Bewerbern diese wundervolle Altbauwohnung bekommen? Strategien, alles Strategien. Nach dem Schema: Wenn ich das und das erreichen will, muss ich das und das tun ...

**Wenn Sie wirklich erfolgreich
sein wollen, müssen Sie auch
schlau sein.**

Ich erlebe manchmal eine geradezu halsstarrige Ablehnung eines strategischen Vorgehens im Job. Das erklärt vielleicht, warum manche hoch begabten Menschen auf dem Weg in Entscheiderpositionen lahmen. Sie sind intelligent, machen super Schul- und Ausbildungsabschlüsse. Aber wenn Sie wirklich erfolgreich sein wollen, müssen Sie auch schlau sein. Sie müssen mehr wissen – über Machtstrukturen, über Informationsschienen, über informelle Entscheidungsabläufe, ganz allgemein über die Spielregeln in der Businesswelt. Sie müssen wissen, wie dieses Abenteuerspiel »Success« funktioniert.

> **Sie müssen wissen, wie dieses
> Abenteuerspiel »Success«
> funktioniert.**

Deshalb müssen wir uns schlau machen. Sich naiv geben kann manchmal ein guter Schachzug sein, naiv sein ist tödlich. Es gibt einfach noch zu viele Fallen, in die gerade Frauen regelmäßig hineintappen (siehe Seite 34/35). Nicht, weil Frauen blöd geboren, sondern weil sie dumm erzogen werden: zur Bescheidenheit, zum Brav- und Fleißigsein; zum Abwarten, bis sie gefragt werden; zur absoluten Perfektion nach dem alten Handarbeitslehrerinnen-Motto »Mach kleine Stiche, sieht ordentlicher aus«. Irgendwie ist das ja ganz sympathisch. Aber dämlich. Und mutige Männer ziehen an ihnen vorbei.

Wenn Sie mitspielen wollen im Business-Match, dann machen Sie sich als Erstes mit den Spielregeln bekannt. Benutzen Sie dafür all Ihre Sinne: Öffnen Sie Augen und Ohren ganz weit, und achten Sie auf die »Gepflogenheiten« in Ihrer Firma, Ihrer Abteilung: Wer ist der Bestimmer (das muss nicht immer der Mensch auf dem Chefsessel sein)? Wer ist der Kritiker, der immer mäkelt (und mäkeln darf!)? Wer ist der Zuständige fürs Gemütliche, der immer die Kekse zur Konferenz mitbringt und die ersten Primeln im Frühling auf den Tisch stellt? Wer ist der Erbsenzähler, neudeutsch Controller genannt? Wenn Sie diese Konstellationen durchschaut haben, können Sie sich entscheiden, welchen Part Sie übernehmen wollen.

Öffnen Sie Ihre Nase, atmen Sie die Luft tief ein und er- schnuppern Sie die Do's and Don'ts, die in Ihrem Unternehmen gelten. Welche Abteilung hat mit anderen Abteilungen Probleme? Wer ist meistens der Sündenbock, mit dem man sich möglichst nicht sehen lassen sollte?

Aktivieren Sie alle Sensoren, und erspüren Sie die Entschei- dungskriterien, nach denen hier etwas geschieht – oder auch nicht. Woran erkennen Sie, ob jemand in Ungnade gefallen ist oder gerade hoch im Kurs steht? Erfühlen Sie die Machtstruktu- ren, wer wirklich wichtig ist! Was dabei am wenigsten funktio- nieren wird, ist Kollegen zu fragen. Denn Spielregeln sind nie- mals aufgeschrieben und werden selten offen gehandelt. Obwohl einige für alle Unternehmen gleich gelten. Die gängigsten lauten:

- Nicht auf die Klügsten wird gehört, sondern auf die Lautesten.
- Nicht die Besten bekommen die tollsten Jobs, sondern die Mutigsten.
- Treue oder Dankbarkeit sind Fremdwörter im Berufsleben.
- Rechne nicht damit, dass die anderen schon merken werden, wie es dir geht oder was du möchtest – und schon gar nicht damit, dass sie darauf Rücksicht nehmen werden.
- Das Einzige, was zählt, ist Profit.

Diese Spielregeln mögen uns ungerecht vorkommen. Ja, das sind sie zum Teil auch, furchtbar ungerecht sogar. Aber im Business geht es leider nicht um Gerechtigkeit! Da geht es darum, Geld zu verdienen, und zwar möglichst viel.

Fusionen, feindliche Übernahmen, Verkäufe, Verschlankungen, all diese Maßnahmen haben nur ein Ziel: den Profit zu mehren. Wenn wir dieses Prinzip nicht kapieren und akzeptieren, müssen wir im großen Business-Monopoly immer wieder aussetzen: »Gehen Sie nicht über Los, ziehen Sie nicht 4000 Mark ein ...«, oder letztendlich das Spiel ganz verlieren.

Ich sage nicht, dass diese Unternehmensziele auch Ihre einzigen Prioritäten werden sollen. Sie müssen nicht selbst zum Widerling werden, der andere aus dem Weg räumt. Nicht zum Abzocker, gnadenlos und ungerecht. Aber Sie müssen wissen, wie die Welt funktioniert.

Wenn Sie Ihre Kenntnisse über die Spielregeln im Business verbessern wollen, lesen Sie am besten regelmäßig den Wirtschaftsteil großer Zeitungen und Magazine. Sie müssen wissen, was auf den Märkten los ist und welche Unternehmen mit welchen kooperieren. Das ist auch für Ihren Arbeitsplatz und für Ihre Zukunft wichtig. Denn niemand weiß, ob Sie ihn in Zukunft noch haben werden.

Schlausein heißt aber auch, sich mit seinen Stärken und Fähigkeiten immer wieder richtig zu positionieren. Wie können Sie dazu beitragen, die Ziele Ihres Unternehmens zu erreichen? Das ist die einzige Frage, die Ihre Vorgesetzten interessiert. Business ist alles andere als romantisch. Sie dürfen in einem Unternehmen arbeiten, solange Sie ihm mehr Profit verschaffen, als Sie an Kosten verursachen. Diese Formel ist hart, aber sie stimmt. Das werden Sie spätestens dann merken, wenn Sie selber Chef/Chefin,

Die häufigsten Fallen im Beruf

Name der Falle	Wie sie funktioniert	Gedanken dazu
Die Bescheidenheits-Falle	Abwehren, sich klein machen	Wer bin ich schon, was kann ich schon? Das ist doch nichts Besonderes!
Die Strategie-Falle	Alles dem Zufall überlassen	Ich kann doch nicht nur, damit …?! Also, ich will mich nicht verbiegen …!
Die Einzelkämpfer-Falle	Schuften bis zum Umfallen (1)	Ich muss das allein schaffen. Ich darf mir nicht helfen lassen. Da muss ich durch.
Die Leistungs-Falle	Schuften bis zum Umfallen (2)	Wenn ich noch besser werde, dann bekomme ich, was ich möchte. Noch länger arbeiten, noch effektiver werden …
Die Aschenputtel-Falle	Sich als armes Opfer sehen	Wer erhört mich, wer gibt mir eine Chance? Warum fragt mich niemand, ob ich … werden möchte?
Die Hochstapler-Falle	Nicht an sich glauben	Irgendwann werden die anderen merken, dass ich das gar nicht kann, was ich hier mache.

Name der Falle	Wie sie funktioniert	Gedanken dazu
Die Perfektions-Falle	Gut ist niemals gut genug	Solange meine Arbeit nicht hundertprozentig ist, gebe ich sie nicht ab. Mein Konzept ist nicht gut genug, ich muss noch mal drübergehen …
Die Energieräuber-Falle	Sich aussaugen lassen	Aber gerne helfe ich dir. Klar kümmere ich mich darum. Legen Sie mir's einfach hin. Natürlich komme ich am Wochenende rein …
Die Eigentlich-Falle	Nicht handeln	Eigentlich würde ich ja gern wieder arbeiten, aber mein Mann möchte das nicht, … ich kann ja nicht wegen der Kinder …, ich müsste mich ja bewerben …
Die Märchenprinz-Falle	Auf Besseres warten	Wozu soll ich überhaupt Karriere machen, wenn ich doch Familie will? Lieber ein anspruchsloser Job, den ich auch in Teilzeit machen kann.

Überlegen Sie sich: In welche Falle tappe ich am häufigsten? Was kann ich tun, um sie rechtzeitig zu erkennen? Sind uns die Fallen erst einmal bewusst geworden, fällt es wesentlich leichter, nicht hineinzufallen!

Unternehmer/Unternehmerin oder Freiberufler/Freiberuflerin sind. Wenn Ihre Bilanz nicht stimmt, gehen Sie pleite. Schwarze Zahlen zu schreiben heißt die Kosten niedrig halten und die Umsätze steigern. So einfach ist das. Und in Zukunft wird jeder, der mitspielen will, dieses unternehmerische Denken brauchen.

Interessanterweise ziehen viele schlaue Frauen es vor, ihre eigenen Wege als Selbstständige zu gehen. Um vielleicht auch – neben dem wirtschaftlichen Erfolg – zu beweisen, dass die Arbeitswelt durchaus anders aussehen könnte; dass es Möglichkeiten gibt, besser, ja menschenfreundlicher miteinander umzugehen, sozial zu denken und trotzdem genug Geld zu verdienen. Ermutigende Beispiele solcher Firmen gibt es bereits.

Mein persönliches Erfolgsgeheimnis

Am Anfang meiner Berufstätigkeit wie meiner Ehe war ich furchtbar naiv. Beispielsweise war ich fest davon überzeugt, dass ich irgendwann nur noch glücklich sein würde, alles würde zur Zufriedenheit laufen, ich hätte nie mehr Ärger mit meinem Chef oder meinem Mann. So lange müsste ich mich halt quälen, um diesen paradiesischen Zustand zu erreichen. Heute weiß ich, das ist eine fromme Vorstellung, fern jeder Realität. Den Zustand des »Nur noch alles rosig« werde ich niemals erreichen, dafür bin ich ein unvollkommener Mensch in einer unvollkommenen Welt. Aber je mehr ich vom Leben und von dessen Spielregeln kenne, umso schlauer kann ich sie für meine Zufriedenheit nutzen. Zum Beispiel habe ich gelernt, dass ich mit Charme mehr erreichen kann als mit Bolzen. Früher als Journalistin hatte ich oft einen unsichtbaren, aber spürbaren »Rührt-mich-nicht-an-Stacheldraht« um mich herum. Meine Reaktionen gegenüber Vorgesetzten waren gereizt und oft genug aggressiv. Nicht umsonst war ich lange Jahre streitbare Betriebsrätin. Heute weiß ich, mit Charme erreiche ich meine Ziele sehr viel leichter.

Zusammen mit einem ausgebufften Manager habe ich einmal die vier Cheftypen zusammengestellt, auf die wir meistens stoßen, und überlegt, wie man sie am besten »knacken« kann. (Die Strategien finden Sie in Kapitel 7.) Früher habe ich darüber, was sich für ein Mensch hinter der Position verbirgt, gar nicht nachgedacht.

Ich habe auch herausgefunden, worauf es wirklich ankommt, wenn man Karriere machen will. In der amerikanischen Cosmopolitan fand ich 1996 eine Studie, die belegte, dass die wichtigsten Erfolgskriterien Kontakte und Beziehungen sind (60 Prozent), vor guter Selbstdarstellung (30 Prozent) und Fleiß (10 Prozent). Und mir wurde plötzlich klar, warum ich immer als gute Mitarbeiterin geschätzt, aber nie befördert wurde: Ich habe diesen Part sträflich vernachlässigt. Ja, oft genug haben meine Vorgesetzten mit einem Blick von mir gesehen, was ich von ihnen gehalten habe, nämlich nichts. Mein Talent zum Schleimen war noch nie gut ausgeprägt, was ich als positiv empfinde, aber wenigstens weiß ich jetzt, dass es nicht an meinem fehlenden Talent lag! Meinem Selbstbewusstsein hat diese Erkenntnis gut getan.

4

LIEBE DEINEN NÄCHSTEN!

Keine geringe Aufgabe. Und ganz schön schwer bei all diesen Idioten, die uns umgeben. Nicht wahr? Denken Sie manchmal so? Dann sollten Sie Ihre Fähigkeit überprüfen, wie gut Sie Beziehungen aufbauen können. Denn schon an der Wortwahl, wie Menschen über Kollegen, Nachbarn etc. reden, erkennt man ihre Fähigkeit als »Beziehungsmanager/in«.

Das Schlagwort auf Kongressen und Tagungen diesen Jahres ist dieses neudeutsche »Beziehungsmanagement«. Es wird immer wichtiger in Zeiten, in denen sich Produkte und Dienstleistungen immer ähnlicher werden und es immer mehr auf die Persönlichkeit des Verkäufers ankommt.

> **Beziehungsmanagement wird
> immer wichtiger in Zeiten, in denen
> sich Produkte und Dienstleistungen
> immer ähnlicher werden.**

Stellen Sie sich vor, Sie wollen eine neue Waschmaschine kaufen. Sie gehen wahrscheinlich in das Geschäft, in dem Sie das letzte Mal, als Sie ein anderes technisches Gerät gekauft haben, kompetent und freundlich bedient wurden oder das Ihnen Freunde aus diesem Grund empfohlen haben. Meine Erfahrung dabei: Ist uns der Verkäufer sympathisch, folgen wir eher seiner Empfehlung, selbst wenn die Entscheidung bedeutet, ein teureres Gerät zu kaufen, als wir eigentlich vorhatten. Schließlich hat es uns der Verkäufer »ganz im Vertrauen« ans Herz gelegt – »Ich habe diese Maschine selber«.

Anders dagegen die Reaktion, wenn wir in einem Geschäft gar nicht beachtet oder uninteressiert bedient werden. Wir erleben das als Kränkung und gehen nie wieder dorthin. Eine Umfrage, die 1996 im Einzelhandel gemacht wurde, hat ergeben, dass Unternehmen die meisten Kunden dadurch verlieren, dass diese sich »missachtet oder gleichgültig behandelt fühlen«.[5]

Auch in Ihrem Job ist die gute Beziehung zu den Menschen, mit denen Sie zu tun haben, entscheidend für Ihren Erfolg. Das Ziel: Ihre »Kunden« zu definieren und gut zu behandeln. Unter Kunden können Sie alle Menschen verstehen, die Ihre Leistungen in Anspruch nehmen: Vorgesetzte, Kolleginnen und Kollegen, Geschäftspartner, Lieferanten, Käufer; also alle, die Ihnen etwas »abkaufen«. Um deren Zufriedenheit sollten Sie sich vor allem kümmern.

Warum ist das so wichtig? Leistungen unterscheiden sich meistens nicht sonderlich von denen der Kolleginnen. Auch Lebensläufe von Bewerberinnen und Bewerbern sind in der Regel nicht so wahnsinnig unterschiedlich, wenn es um ein und dieselbe Position geht. Was dagegen immer wichtiger wird, ist Persönlichkeit. Mag ich mit diesem Menschen zusammen sein, verhandeln, ihm vertrauen, ihm etwas abkaufen?

Diese Weisheit ist so alt wie die Menschheit: Wenn mir jemand seine Wertschätzung entgegenbringt, bin auch ich bereit, ihn zu schätzen. Also, wenn ich mit meinen »Kunden« freundlich umgehe, werde ich von ihnen profitieren. Und das gilt nicht nur im Verkauf, wenn auch dort besonders.

Wenn Sie andere Menschen eigentlich grundblöde finden oder im besten Fall störend, haben Sie ein Problem, aber auch, wenn Sie an anderen als Erstes nur das Negative bemerken und gerne »ablästern«. Wie wollen Sie gemeinsam mit diesen »Deppen« in einem Team arbeiten? Wie wollen Sie andere Menschen begeistern und überzeugen, wenn Sie sie insgeheim verachten? Warum, glauben Sie, sollte irgendjemand mit Ihnen zusammenarbeiten wollen?

Menschenliebe kann man lernen.

»Ich kann aber doch nicht alle Leute gleich gut leiden«, werden Sie vielleicht denken. Stimmt schon. Doch von einem Profi wird erwartet, dass er seine unterschiedlichen Sympathien für sich behält. Das können Sie trainieren. Stoppen Sie beispielsweise ab sofort die Angewohnheit, jeden Menschen zu taxieren und zu beurteilen. »Was für'n blödes Hemd! Hat die krumme Beine! Was für peinliche Ohrringe!« Wer dauernd über andere lästert, hat es nötig, sich selbst größer und schlauer und »hipper« zu machen als die anderen. Weil er sich selbst gar nicht so großartig fühlt. Sie werden sehen, in dem Augenblick, in dem Sie aufhören, andere ständig abzuwerten, werden Sie mit allen Menschen besser auskommen. Es ist tatsächlich so, Menschenliebe kann man lernen.

Für den praktischen Gebrauch gebe ich Frauen in meinen Seminaren als Anhaltspunkt gern folgende Überlegung: »Behandeln Sie jeden Kunden/jede Kundin so wie den Bruder/die Schwester Ihrer besten Freundin. Also mit einer freundlichen Grundeinstellung, neugierig, offen und interessiert. Nicht alle Familienangehörigen sind gleich nett. Aber da Sie die netten Verwandten kennen, sind Sie wesentlich großzügiger.«

»Liebe deinen Nächsten« heißt also vor allem: Zeige ihm deine Wertschätzung. Und dies ist etwas anderes als Schmeicheln oder Speichellecken. Edward E. Jones, Begründer der Schmeichelforschung (ja, die gibt es wirklich!), definiert den Unterschied zwischen Höflichkeit oder Diensteifer und Schmeichelei so: »Im Gegensatz zur Schmeichelei sind Anstand und Eifer in der jeweiligen Situation nicht zweckgebunden, sondern Ausdruck einer generellen Haltung zum Interaktionspartner. Höflich und zu Diensten ist man ohne Ansehen der Person. Geschmeichelt wird hingegen, wenn man damit andere Ziele als die symbolische Erhöhung des Kommunikationspartners erreichen will ...«[6] Kurz: Wer nach oben katzbuckelt und nach unten tritt, gilt als Speichellecker. Wer aber alle Menschen mit Würde und Höflichkeit behandelt, ist der Kommunikationsmanager par excellence.

> **Wer alle Menschen mit Würde und Höflichkeit behandelt, ist der Kommunikationsmanager par excellence.**

Ich bin überzeugt, dass die Wertschätzung, die wir Kunden, Vorgesetzten und Kollegen entgegenbringen, zu unserem Erfolg beiträgt. Kniggeseminare haben nicht nur deshalb wieder Hochkonjunktur. Spätestens seit dem Film *Pretty Woman* wissen wir, wie wichtig es ist, Schnecken kunstvoll verspeisen zu können, und auch der am reichsten gedeckte Tisch mit sieben Gabeln links und sieben Messern rechts, mit drei verschiedenen Weingläsern und kunstvoll gefalteten, bretthart gestärkten Servietten kann uns nicht mehr erschrecken.

Doch neben Tischmanieren und der Kunst des richtigen Zuprostens gehört sehr viel mehr zum neuen Business-Knigge. Ich behaupte sogar: Ob jemand die falsche Gabel benutzt, ist relativ egal. Andere Fauxpas darf man sich allerdings nicht erlauben, wenn es beim Businesslunch um den ganz großen Abschluss geht: Unhöflichkeit beispielsweise oder schlechte Laune, Dasitzen wie ein Stockfisch oder fehlende Rücksichtnahme.

Ich habe Ihnen hier einmal die fünf Regeln zusammengestellt, die meiner Meinung nach heute für einen Umgang mit Geschäftskollegen und -partnern wirklich gute Manieren bedeuten, nach dem Motto Kommunikation statt Konvention:

1. Die Kunst des Small Talks
2. Wertschätzung zeigen
3. Pünktlich sein
4. Gute Laune kultivieren
5. Danke sagen können

Die Kunst des Small Talks

Die Frau (und der Mann) von Welt kann sich locker mit jedem Gast unterhalten, und wenn es der Papst persönlich ist. Ihr schnürt die Angst vor »großen Tieren« nicht die Kehle zu, sondern sie kann sich freundlich nach der Anreise erkundigen oder nach der Familie (so vorhanden). Sie plaudert über Urlaubsziele genauso locker wie über Sportereignisse. Und wenn sie gar nichts über ihr Gegenüber weiß, vertraut sie dem ältesten Small-Talk-Thema der Welt: dem Wetter.

Sie schafft das, weil sie sich dem Gesprächspartner ebenbürtig fühlt, weil sie weiß, dass sie als Erwachsene mit einem Erwachsenen redet, nicht als »Untergebene« mit dem »Obermotz«. Wenn Ihnen das schwer fällt, dann sollten Sie nicht nur Small Talk trainieren (bei privaten Festen beispielsweise oder in der Schlange an der Supermarktkasse), sondern Sie sollten an Ihrem inneren Bild von sich arbeiten und Ihr Selbstwertgefühl stärken.

Wenn die Frau von Welt besonders souverän ist, löst sie die Charmebremse, baut Brücken mit ihrem Lächeln und bezaubert den Tischnachbarn mit unverfänglichen Anekdoten. Wenn sie klug ist, lockert sie damit seine Zunge und muss sich für den Rest des Abends sowieso nichts mehr einfallen lassen.

Merke: Du darfst dir viel erlauben, nur langweilen darfst du niemals!

Wertschätzung zeigen

Geben Sie Ihren Gesprächspartnern das Gefühl, sie ernst zu nehmen und zu respektieren. Das schafft das beste Klima. Lassen Sie mich das an einem gängigen Beispiel erläutern: »Eine gute Gastgeberin wird ihren Gästen niemals das Rauchen verbieten. Aber ein guter Gast wird bei einer Nichtraucherin niemals rauchen.« Diese charmante Regel habe ich von Werner Forster gelernt, dem Schweizer Grandseigneur in Sachen Umgangsformen.

Umgesetzt heißt das: Rauchen Sie besser nicht am Tisch mit Nichtrauchern, nicht nach dem ersten Gang und nicht vor dem Dessert. Auch wenn Letzteres »erlaubt« ist, zeigen Sie Ihre Wertschätzung Nichtrauchern gegenüber besonders, wenn Sie aufs Rauchen verzichten.

Vorsicht vor der höflichen Frage »Stört es Sie, wenn ich rauche?«. Kaum jemand wird Ihnen das Rauchen verbieten wollen, auch wenn es als störend empfunden wird. Und Sie zeigen Kinderstube (und Ihrem Image wird es gut tun), bei wichtigen Geschäftsessen mit Nichtrauchern enthaltsam zu sein.

Merke: Wertschätzung ist wichtiger als Recht haben.

Pünktlich sein

Pünktlichkeit galt viele Jahre lang als typisch deutsche »Sekundärtugend«, über die gelacht und gelästert werden durfte. Ich erlebe es heute aber durchaus wieder als Plus, wenn jemand tatsächlich verabredete Termine einhält. Die Zeiten der charmanten Chaoten, die kamen, wann sie wollten, sahen und siegten, sind vorbei. Egal, ob bei Konferenzen, Gesprächen oder Geschäftsessen – wir alle haben zu viel zu tun, als dass wir ohne Murren auf Bummler warten könnten. Natürlich kann man sich mal verspäten, aber dann braucht man einen guten Grund. Ansonsten fallen Sie angenehm auf, wenn Sie pünktlich zur vereinbarten Zeit auf der Matte stehen (nicht schon eine Viertelstunde vorher, dann gehen Sie lieber noch eine Runde spazieren!). Wertschätzung zeigen Sie auch, wenn Sie Zusagen einhalten. Machen Sie sich deshalb den Spruch aus der Bibel zu Eigen: »Sage ja, ja und nein, nein«. Wenn Sie Ja gesagt haben, dann handeln Sie danach.

Wenn Sie etwas nicht machen wollen oder können, sagen Sie es rechtzeitig, sodass niemand im Unklaren bleibt. Das gehört einfach zum guten Ton. So schaffen Sie sich den Ruf des verlässlichen Partners. Und dieser Ruf ist die nächste Stufe zu Ihrem beruflichen Erfolg.

Merke: Mit Pünktlichkeit signalisierst du, dass man sich auf dich verlassen kann.

Gute Laune kultivieren

Im Geschäftsleben geht meine schlechte Laune niemanden etwas an – wenn er nicht selbst der Verursacher derselben ist. Ob mich der Chef gerade zusammengestaucht oder meine Mutter mich am Telefon genervt hat, das ist meine Sache. Aber das brauche ich meine Kunden, meine Gäste, meine Kollegen oder meinen Geschäftspartner nicht spüren zu lassen.

Ich habe für mich einige gute Tricks entwickelt, wie ich schlechte Laune »parke« und mich voll auf mein Gespräch konzentrieren kann:

- Frust dort abladen, wo er entstanden ist, nicht am Zufallsopfer ausleben.
- Mich auf das angesagte Thema konzentrieren und meine Energien bündeln.
- Mich selbst motivieren: Was will ich in diesem Gespräch erreichen, wozu sitzen wir hier zusammen?
- Wut vorher rauslassen: Gehen Sie in den »Ladys' Powder Room« oder an einen anderen stillen Ort und schimpfen Sie laut vor sich hin, bis Sie selbst lachen müssen. (Ausnahme: Ihr

Gesprächspartner selbst ist der Verursacher Ihrer schlechten Laune. Dann klären Sie die ungute Situation und sagen Sie es ihm – freundlich, höflich, aber bestimmt!)

Merke: Du bist verantwortlich für deine Laune.

Danke sagen können

Auch etwas, was gute Kinderstube zeigt – und niemandem eine Zacke aus der Krone bricht. Erfolgreichen Menschen fällt es leicht, sich bei anderen zu bedanken. Und sie tun das so charmant wie möglich. Also, worauf warten Sie?

- Sie wurden von jemandem empfohlen? Bedanken Sie sich mit einem Brieflein oder einer netten Mail.
- Sie haben von jemandem eine Chance bekommen? Ein Danke schafft Verbindung.
- Jemand hat Ihnen in einer schwierigen Situation geholfen? Revanchieren Sie sich mit einem kleinen Dankeschöngeschenk.
- Sie haben ein ehrlich gemeintes Kompliment bekommen? Ein Lächeln und ein Danke geben etwas davon zurück.

Das Dankesagen ist etwas aus der Mode gekommen. »Habe ich das nötig?«, denken manche arrogant und verbauen sich die Chance, ein zweites Mal protegiert zu werden.

Merke: Dankesagen kostet nichts und schafft dir Freunde.

Mein persönliches Erfolgsgeheimnis

Ich habe von einem sehr faszinierenden Mann gelernt, mit der Sucht aufzuhören, ständig andere Menschen nach ihrem Äußeren zu bewerten. John Hormann, ehemaliger Manager, Unternehmensberater und Buchautor[7], ist ein ruhiger Mann mit sanften Augen. Ich hatte vor Jahren das Glück, ihn für die Zeitschrift »Eltern« interviewen zu dürfen. Er hat mir in unserem mehr als dreistündigen Gespräch erklärt: »Solange Sie es brauchen, andere in Ihren Augen herabzusetzen, werden Sie niemals frei sein. Freiheit, also geistige Unabhängigkeit, erlangen wir, wenn wir offen und erwartungsvoll auf andere Menschen zugehen.«

Und ich glaube, dieser Grundsatz hat mir den Blickwinkel auf die Welt allgemein erweitert. Ich erwarte von Menschen eine ganze Menge, gebe ihnen einen großen Vertrauensvorschuss und erlebe auch immer wieder, wie fantastisch Menschen sind. Ich staune über die Kompetenz von Menschen, ihre Fähigkeiten, ihre Ideen. Welche Fülle tut sich beispielsweise in einem einzigen Seminar auf? Wir könnten auf der Stelle ein eigenes Unternehmen gründen, denke ich oft, alle Talente sind vertreten.

Freiheit, also geistige Unabhängigkeit, erlangen wir, wenn wir offen und erwartungsvoll auf andere Menschen zugehen.

Aber auch zu Menschen, denen ich unterwegs, beim Einkaufen, auf Reisen oder am Telefon begegne, habe ich meistens ein gutes Verhältnis. Ich werde freundlich bedient, bekomme Auskünfte, es wird mir geholfen. Wie oft schon hat sich jemand erboten, auf Umsteigebahnhöfen meinen Koffer die Treppe hinaufzutragen. Ich habe das kaum für möglich gehalten und bin immer wieder gerührt. Ich persönlich finde nicht, dass wir nur von Idioten umgeben sind. Vielleicht strahle ich das ja aus.

Natürlich gibt es Ausnahmen, Menschen, die weder sympathisch noch liebenswert sind. Aber ich bin inzwischen weise genug zu wissen, dass Menschen nicht böse geboren werden, sondern ihre Geschichte haben, die sie geprägt hat. Das hat nichts mit Entschuldigen zu tun, aber eine ganze Menge mit Verstehen.

5

SEI SCHNELL!

Sie müssen nicht unbedingt jeden Morgen zehn Kilometer joggen, um sich fit für den Erfolg zu machen. Auch wenn viele erfolgreiche Menschen darauf schwören. Aber schneller und beweglicher als andere sollten Sie trotzdem sein. Das heißt nicht hektisch und hibbelig, sondern schnell in der Auffassung, schnell im Reagieren. Es geht um die Bereitschaft, Signale aufzunehmen, die Ihnen gegeben werden, und den eigenen Standpunkt dazu abzuchecken sowie Aktionen zu starten.

Ein Beispiel: Auf einem Officekongress tritt der Personalchef eines großen Konzerns auf und berichtet von der aktuellen Lage. In seinem Vortrag tauchen mindestens vier Mal die Begriffe E-Commerce und E-Business auf, also Handel per Internet. Er berichtet, dass der Konzern in diese Bereiche mehr investieren muss, um am Ball zu bleiben, und erläutert die Wichtigkeit dieses Geschäftsweges.

Seien Sie schnell in der Auffassung und schnell im Reagieren.

Die Reaktion der Teilnehmerinnen ist gespalten: Die einen regen sich in der anschließenden Kaffeepause darüber auf, dass »der jetzt schon wieder mit dem neuen Zeug« daherkommt, wo man doch froh ist, gerade die abgeschlossene Fusion mit einem ande-

ren Unternehmen gut überstanden zu haben. Einige andere um-
lagern den anwesenden Leiter der Weiterbildungsabteilung und
erkundigen sich, welche Kurse er zu E-Commerce und E-Business anbietet. Was glauben Sie, welche Gruppe für die Zukunft
in diesem Unternehmen besser gerüstet ist? Eine rhetorische Frage. Die Antwort ist klar!

Schnelligkeit im Denken wird in unserer rasanten Zeit immer
wichtiger. Für Unternehmen, aber auch für jede/n Einzelne/n.
Schnelles Reagieren wird die Grundlage des Erfolgs werden. Was
heißt das für Ihre Beweglichkeit?

- *In einer Konferenz wird darüber gesprochen, dass für ein Problem,
  was gerade deutlich wird, eine Lösung gesucht wird.* Warten Sie
  nicht, bis Sie jemand mit der Lösungsfindung betraut (oder
  noch wahrscheinlicher, jemand anderer beauftragt wird).
  Wenn Sie es sich zutrauen – und Sie sich dabei profilieren können –, bieten Sie sofort an, sich mit der Frage zu befassen, oder
  schicken Sie noch am gleichen Tag eine Mail an Ihren Vorgesetzten: »Hätte da eine Idee, wann kann ich vorbeikommen?«
- *Was, der Bericht muss bis morgen fertig sein?* Trauen Sie sich
  Schnellschüsse zu: Überschlagen Sie kurz Ihre Aufgabenliste,
  Ihre privaten Verpflichtungen – wenn Sie sich mit dieser Ar-
  beit profilieren können, wenn Sie Ihre Kompetenz beweisen
  können, dann melden Sie sich: »Ich schaffe das!«
- *In einem Gespräch mit Kollegen kommt Ihnen plötzlich eine gute
  Idee?* Setzen Sie sich so schnell wie möglich hin und bringen
  Sie den Geistesblitz zu Papier. Erstellen Sie eine Zeitschiene,
  bis wann Sie die Idee umsetzen wollen. Machen Sie sich eine

To-do-Liste, mit welchen Schritten Sie Ihr Ziel erreichen können. Versuchen Sie es doch mal mit der Kamelpfad-Strategie (siehe Kasten auf Seite 53). Lassen Sie sich von Ihrer eigenen Begeisterung anstecken, kommen Sie raus aus dem »Das-bringt-doch-sowieso-nichts-Sumpf«. Wie heißt es: »Wer andere zum Leuchten bringen will, muss selber brennen!«

Die meisten Menschen schrecken vor solchen Herausforderungen zurück und ziehen erst einmal den Kopf ein, wenn eine Aufgabe vergeben wird. Dabei hoffen sie inbrünstig, dass niemand auf sie zukommt. Woran das liegt? Die Menschen vertrauen nicht auf ihre Kreativität und Energie, glauben nicht an die positive Erfüllung. Denken vielleicht auch: »Ich hab schließlich schon genug Arbeit!« Oder sie halten sich schlicht an die 37,5-Stunden-Woche.

> **Wenn Sie beruflich weiter-
> kommen wollen, sollten Sie wenigstens
> ab und zu unternehmerisches Denken
> beweisen.**

Natürlich haben Sie einen Anspruch auf die Rechte des Tarifvertrags. Ständige Überstunden sollten die Ausnahme sein. Als Gewerkschafterin und Betriebsrätin habe ich viele Jahre selbst dafür gekämpft. Aber ich verrate Ihnen etwas, was ich selbst erst spät in meinem Leben kapiert habe: Wenn Sie beruflich weiterkommen wollen, sollten Sie wenigstens ab und zu unternehmerisches Denken beweisen. Und dazu gehört: Schnelligkeit und Einsatz.

Wenn Sie Unmögliches möglich machen, wird das niemand vergessen! (Das ist nicht dasselbe, wie immer den Ausputzer zu spielen, sprich die Dumme zu sein!)

Gerade in einem Land wie Deutschland, in dem man traditionell eher auf Kontinuität und Laufbahn setzt, fällt uns die Anpassung an die Zeiten von Globalisierung und »Change«, also Wechsel, schwer.

Sie kennen das Silicon Valley in Kalifornien, in dem jeden Tag bahnbrechende Erfindungen in der Computerwelt gemacht werden. Es weist nicht nur die höchste Dichte von Millionären auf, sondern ist auch das Job-Wechsel-Zentrum der Welt.

Der britische Unternehmensberater Paul Smith erzählte mir einmal, niemand bliebe dort in einer Firma, in der er nicht mindestens einmal in zwölf Monaten aufsteigt. »Up or out« ist dort die Devise: hinauf oder raus. Sonst werden Talente vergeudet. Egal, ob wir das für richtig und nützlich halten oder nicht, auch bei uns wird sich die Taktzahl in der Wirtschaft erhöhen.

Zeit ist heute schon das am häufigsten benutzte Substantiv in der deutschen Sprache, wussten Sie das? Zeitmanagement ist in erster Linie Selbstmanagement, sagt die hervorragende Trainerin Jutta Simon. Ihr wichtigster Rat an alle, die schneller sein wollen: »Verschaffen Sie sich Zielklarheit. Dann setzen Sie Prioritäten.«

Das Allerwichtigste dabei ist aber Augen und Ohren aufzusperren, was ist angesagt, was wird gebraucht? Es gibt in Irland einen sehr erfolgreichen Besitzer einer Supermarktkette, sein Name ist Fergal Quinn. Er hat einmal auf die Frage »Was ist Ihr Erfolgsrezept?« drei Geheimnisse preisgegeben. Das erste lautet: Hör auf deinen Kunden. Das zweite: Hör auf deinen Kunden.

Die Kamelpfad-Strategie

Es gilt in der Wüste wie im Leben, die beste Zielfindungs-strategie zu benutzen:

- Ohne Ziel laufen wir im Kreis, bis die Kräfte schwinden. Wir brauchen also einen Plan zur Orientierung.
- Die richtige Vorbereitung erhöht unsere Chancen, heil anzukommen.
- Zwischenetappen sind die Oasen, die wir ansteuern können, um erste Erfolge zu genießen, neue Kräfte zu schöpfen und innezuhalten.
- Wenn wir Hindernisse rechtzeitig erkennen, lohnen sich auch Umwege.
- Es gilt, die richtigen Weggefährten auszusuchen und Wegelagerern zu entgehen.
- Die längste Saharadurchquerung wie auch der Weg zum anspruchsvollsten Ziel beginnt mit einem ersten kleinen Schritt.
- Malen Sie Ihren Routenplan, benennen Sie Ihre Oasen, berechnen Sie die Zeit bis ans Ziel.
- Jetzt können Sie anfangen.

Und das dritte: Hör auf deinen Kunden. Eine weise Antwort, die impliziert: Und dann reagiere schnell darauf!

Kunde ist in diesem Sinne auch Ihr Vorgesetzter. Überraschen Sie ihn doch mal mit der Antwort auf eine Frage, die er so deutlich noch gar nicht gestellt hat. Er wird Ihre hellseherischen Fähigkeiten schätzen lernen und an Sie denken, wenn ein wichtiges Projekt zu vergeben ist.

Übrigens: Genauso schnell sollten Sie reagieren, wenn eine Aufgabe schief läuft, in der geplanten Zeit nicht zu schaffen ist oder ein Fehler passiert ist. Sie haben vergessen, die gewünschte Vorlage zusammenzustellen? Auweia, die Chefin ist sauer? Bevor Sie jetzt ins Mea-Culpa-Tief stürzen, sich selbst innerlich ohrfeigen und nicht mehr mit sich reden, erstellen Sie lieber einen Notfallplan: Wie viele Stunden brauche ich, um die gewünschten Unterlagen zusammenzustellen? Bis wann kann ich es schaffen? Schlagen Sie die neue Deadline vor, wenn das Okay kommt, machen Sie sich an die Arbeit.

Je schneller Sie auf Fehler aufmerksam machen, umso eher lassen sich Pannen korrigieren. In der Zeit, in der Sie sich sonst grämen, könnte der Fauxpas längst ausgebügelt werden. Lassen Sie nicht zu, dass wertvolle Zeit verstreicht, nur weil die Scham Sie lähmt. Nehmen Sie sich den Spruch aus dem Englischen als Motto: »Shit happens!« Auch wenn das erste Lächeln noch schief ist, Sie sind auf dem richtigen Weg.

Mein persönliches Erfolgsgeheimnis

Ich habe in meinem Leben gelernt, dass mir die Arbeit mit Eigeninitiative viel mehr Spaß macht. Wie ätzend sind Konferenzen, in denen alle nur auf das Ende warten. Mir hat es immer gefallen, Ideen einzubringen (selbst mit dem Ergebnis, dass ich wieder die Arbeit an der Ba-

cke hatte). Das heißt nicht, dass alle meine Vorschläge immer begeistert angenommen wurden, aber ich war lebendig und fühlte mich als ein Teil des Teams.

Seit ich selbstständig bin, profitiere ich vom schnellen Denken und Handeln. Und ich habe festgestellt, wenn etwas wirklich werden soll, muss es schnell gehen. Heute schätze ich die Erfolgsaussichten auch danach ein: Was, es klappen alle Termine auf Anhieb, die Leute, die ich sprechen will, sind am Telefon, der Saal ist an diesem Abend frei, die Grafikerin hat Kapazitäten frei? Wenn das so ist, dann sind das für mich klare Botschaften, dass etwas klappen soll.

Das Gegenteil ist mir eine Warnung: Ich erreiche eine wichtige Person tage- oder gar wochenlang nicht? Dann soll es nicht sein, ich kann mein Projekt abhaken oder muss mir etwas anderes einfallen lassen.

Vor einiger Zeit fiel mir auf, dass ich überhaupt keine Zeit mehr habe, mich mit Freundinnen und Bekannten in München zu treffen, weil ich zu viel unterwegs bin. Bei einem Frühstück in einem netten Café zusammen mit meinem Mann kam ich auf die Idee, in diesem Café ein Dienstagsfrühstück einzurichten. Noch in der selben Woche wurden Einladungen verschickt: Seitdem sitze ich einmal im Monat dienstags dort und frühstücke. Ich habe einem ausgewählten Kreis von Frauen diese Termine mitgeteilt, wer Lust und Zeit hat, kommt um neun Uhr dorthin. Wir sind meist zwischen zehn und 15 Frauen und haben unglaublich viel Spaß. Wie viele gute Ideen sind schon bei Eiern im Glas und Latte Macchiato entstanden!

Schnelligkeit bringt aber nicht nur Spaß, sondern richtig Geld: Seit ich eine tüchtige Office Managerin bei ASGODOM LIVE habe, die telefonische oder briefliche Anfragen noch am selben Tag beantwortet, hat sich der Umsatz im Bereich Seminare und Coachings fast verdoppelt!

6

SEI »KREAKTIV«!

»Das haben wir immer schon so gemacht« und »Das haben wir noch nie so gemacht«. Diese Sätze sind der Tod jeder Entwicklung. Lassen Sie sich niemals von solchen Sprüchen abhalten. Werden Sie »kreaktiv«. Nein, das ist kein Schreibfehler, sondern bedeutet: Verbinden Sie Kreativität mit Aktion. Die Kombination bringt den Erfolg. Wer nur kreativ ist, aber nicht in die Umsetzung kommt, hat ein Problem. Wer nur ackert, ohne nachzudenken, hat auch eins.

> **Verbinden Sie Kreativität mit Aktion. Die Kombination bringt den Erfolg.**

Gute Teams zeichnen sich dadurch aus, daß sie »Spinner« und »Macher« vereinen (und einen Erbsenzähler für die Finanzkontrolle!). Ein Team voller Spinner könnte die tollsten Ideen sammeln. Die Mitglieder würden sich einen Spaß daraus machen, sich mit Einfällen zu überbieten. Abends gingen alle glücklich lächelnd nach Hause, um am nächsten Morgen weiter an Ideen zu basteln. Leider ginge dem Unternehmen, für das sie arbeiten, bald das Geld aus, denn es käme niemals zur Umsetzung der Geniestreiche. Wer sollte Ideen auf ihre Umsetzbarkeit prüfen, wer die Arbeit machen?

Ein Team, das ausschließlich aus Machern bestünde, würde jeden Morgen die Ärmel hochkrempeln und alles wegarbeiten, doch bald würde ihnen die Arbeit ausgehen, weil sie sich nicht auf veränderte Bedingungen einstellen können und sie keine Ahnung haben, was man anders machen müsste. Und das Unternehmen mit veralteten Produkten würde Schiffbruch erleiden.

Die Mischung macht's also. Auch wenn wir uns selbst eher dem einen oder anderen Typ zuordnen würden, macht es Sinn, Kreative und Macher miteinander zu verbinden. Der amerikanische Spitzentrainer Michael Michalko ist davon überzeugt, dass man Kreativität gezielt trainieren kann.[8] Einige Tipps aus seinem Repertoire:

- Genau hinschauen. »Saper verdere« nannte Leonardo da Vinci die Kunst, eine andere Perspektive einzunehmen, um zu neuen Lösungen zu kommen.
- Informationen darstellen. Alles, was aufgeschrieben, aufgemalt, bildlich dargestellt wird, wird als Information greifbar und regt zu Ideen an.
- Mut zum Flop. Nur wer viele Ideen produziert, hat ab und zu ein wirkliches Highlight darunter.
- Kombinieren. Wir müssen nicht alles neu erfinden, manchmal genügt schon, zwei und zwei zusammenzuzählen.
- Parallelen ziehen. Was woanders funktioniert, hilft bei unserem Problem vielleicht auch. Welche Vergleiche im Tier- oder Pflanzenreich etwa geben uns Anstöße?
- Widersprüche nutzen. Auch Gegensätze können stimmen und uns zu neuen Ideen führen.

Sie sehen, es ist besser, in einer Konferenz den Mund aufzumachen und etwas zu sagen als zu schweigen. Auch wenn wir
nicht immer die ganz große Lösung bringen, dient unser Beitrag
vielleicht zum Widerspruch, um dann doch zum richtigen Weg
zu kommen. Schließen Sie Analogien und vergleichen Sie, lassen Sie Ihre Phantasie spielen, haben Sie Mut, »nicht ins Reine«
zu sprechen. Schlagen Sie auch mal die ungewöhnliche Lösung
vor.

Wenn Sie von etwas überzeugt sind, tun Sie's einfach. Wir
scheuen vor neuen Strategien, neuen Techniken zurück, bleiben
lieber bei der uns bekannten Tour. Doch das ist nicht erfolgs-
orientiert. Mut gehört dazu! Manchmal ist es besser, nicht groß
darüber zu reden – und vor allem nicht, jedes Mal zu fragen.

Vielen Unternehmen würden »autonome« Mitarbeiter/innen
sicher sehr gut tun, die nicht immer »Ja, Herr Lehrer« sagen,
sondern die selbst ihre kleinen grauen Zellen einsetzen, um über
Verbesserungen nachzudenken. Denen nicht »wurscht« ist,
wenn etwas schief geht, sondern die bemüht sind, die bestmög-
lichen Ergebnisse zu erzielen.

Nach einem Vortrag, den ich vor einiger Zeit vor Führungskräften bei der Firma Bosch in Salzgitter gehalten habe, wurde
mir von einem interessanten Projekt berichtet. Dort wurde eigens
ein Programm entwickelt, um die Arbeiter in der Herstellung zu
motivieren, mehr Verantwortung für ihre Maschine zu übernehmen. In mehreren Schritten wird dieses Erfolg versprechende
»Patenschaftsmodell« durchgeführt. Es geht los mit einem gemeinsamen »Putztag«, bei dem das ganze Maschinenteam samt
Chefs die Maschine auf Vordermann bringt. Dann wird sie feins-

tens eingestellt, damit alles rund läuft und sich der Ausschuss verringert. In regelmäßigen Brainstormings wird immer wieder darüber nachgedacht, was man noch verbessern könnte. Klar, dass die Mitarbeiter sehr viel verantwortungsvoller mit den teuren Maschinen umgehen.

Wie schaut Ihr eigenes Kreativprogramm für bessere Arbeit aus? Was würden Sie anders machen, wenn Sie könnten? Wo sehen Sie Schwachpunkte, wünschen Sie Veränderungen?

- Sehen Sie nicht ein, warum eine dritte Kopie von allen Schreiben notwendig ist, die irgendwo im Kellerarchiv vergilbt?
- Dauern Entscheidungen deshalb so wahnsinnig lang, weil allein der Weitertransport der Unterlagen Tage dauert?
- Haben Sie eine Idee, wie Kunden besser zufrieden zu stellen sind? Durch eine winzige Veränderung?

Sie haben dabei immer zwei Möglichkeiten: Sie entscheiden sich einfach für die bessere Lösung und handeln danach. Oder Sie geben Ihren Verbesserungsvorschlag nach oben weiter, mit der Chance, dass im ganzen Unternehmen etwas geändert wird.

Na klar, das Risiko besteht immer, dass etwas schief geht. Oder, und das macht uns vielleicht noch mehr Angst, es wird sogar ganz besonders erfolgreich und wir ziehen uns den Neid der anderen zu. Doch was ist Ihnen lieber: Nur die zweitbeste Lösung zu liefern und als Duckmäuser durchs Leben zu gehen? Oder etwas bewegen, verändern, beweisen? Ich verspreche Ihnen: Die Arbeit macht einfach mehr Spaß, wenn wir unsere Ideen einbringen und uns ausprobieren können.

Was aber, wenn wir in einem Unternehmen arbeiten, das unsere Verbesserungsvorschläge nicht schätzt? Wo die Vorgesetzten misstrauisch jede eigenständige Idee beäugen und lieber ablehnen? Dann sind wir vielleicht im falschen Unternehmen. Dann sollten wir uns umsehen, ob woanders »kreaktive« Mitarbeiter/innen mehr geschätzt werden.

Mein persönliches Erfolgsgeheimnis

Ideen habe ich bis zum Abwinken. Jede Woche fällt mir ein gutes Thema für ein Buch ein, nach jedem Businessfrühstück komme ich ins Büro zurück mit einer neuen Idee für unsere Homepage, für Seminare oder Events. »Sie machen mich wahnsinnig«, stöhnt da schon mal meine Office Managerin. Und grinst, weil sie weiß, da geht wieder die Post ab. Das ist meine gute Seite.

Die schlechte: Details interessieren mich nicht. Ich habe keinen Ehrgeiz, To-do-Listen abzuhaken. Der Umsetzungsprozess weckt in mir keine Begeisterungsstürme. Ich finde Briefe schreiben, Hotels buchen und all die kleinen nervenden Einzelheiten ätzend. Wenn ich allein für meine Termine zuständig wäre, würde ich noch öfter Doppelverabredungen machen, eine im Monatskalender, eine im Tageskalender (ist wirklich schon passiert).

Die Lösung: Ich kann gut delegieren. Ich habe mir ein Team aufgebaut, das mir hilft, meine Ideen umzusetzen. Ich darf meinen »Think Tank« pflegen und für das nötige Feuer sorgen und dabei sicher sein, dass die Einladungen zu meinem Seminar auch rechtzeitig rausgehen.

Mit meinen drei Mitarbeiterinnen treffe ich mich mindestens zwei

Mal im Jahr in anregender Umgebung zum Brainstorming. Dazu holen wir uns Hilfe von außen: eine Bewegungstrainerin, die uns in einen entspannten Zustand versetzt; eine Moderatorin, die uns wirklich »zum Spinnen« bringt; einen Trainerkollegen, der uns ein Feedback über unser Profil, unsere Positionierung und unser Potential aus der Außensicht gibt.

**Ich muss nicht alles selber
können, aber ich muss wissen, wer mir
bei der Umsetzung meiner Ziele
behilflich sein kann.**

Denn das habe ich gelernt: Ich muss nicht alles selber können, aber ich muss wissen, wer mir bei der Umsetzung meiner Ziele behilflich sein kann.

Außerdem habe ich gelernt: Kein Brainstorming ohne Maßnahmenkatalog, also eine Liste, auf der genau verzeichnet wird, wer wofür zuständig ist und bis wann. Kein Plan ohne Finanzierungsberechnung, was müssen wir investieren, was können wir erwarten? Damit aus den kreativen Ideen auch wirklich Erfolg versprechende Aktionen werden. Sei kreaktiv!

7

MACH DEINEN CHEF/DEINE CHEFIN GLÜCKLICH!

Sind Sie auch zusammengezuckt bei dieser Überschrift? Ist das wohl das Letzte, was Sie möchten? Denken Sie bei »glücklich machen« eher an private Beziehungen? Oder ist es Ihnen ziemlich egal, wie glücklich Ihre Vorgesetzten sind? Wenn Sie beruflich weiterkommen wollen, ohne sich zu Tode zu arbeiten, sollten Sie sich darüber Gedanken machen. Loyalität ist das Zauberwort für erfolgreiche Aufsteiger/innen!

Es ist aber auch einer der schwierigsten Begriffe, mit dem sich Menschen auf Erfolgskurs auseinander setzen müssen. Vielen ist gar nicht klar, eine wie große Rolle es spielt, Loyalität zu beweisen. Und sie wundern sich vielleicht, wenn der Chef oder die Chefin ständig an ihnen rummäkelt, ihnen Steine in den Weg legt, sie kontrolliert oder vor Kollegen und Kolleginnen oder sogar Kunden klein macht.

**Loyalität ist das
Zauberwort für erfolgreiche
Aufsteiger/innen!**

Einerseits ärgert mangelnde Loyalität Vorgesetzte (weniger schlimm) und macht ihnen andererseits Angst (ganz schlimm). Vor allem wenn sie bemerken, dass sie es mit außergewöhnlich talentierten Mitarbeiter/innen zu tun haben, die eine Menge wissen und beherrschen, die ihnen also wirklich gefährlich werden könnten. Mitarbeiter, die den eigenen Chef übertrumpfen wollen, untergraben seine Autorität und verletzen sein Ego – Kampf ist also programmiert.

Die Frage ist, ob wir die Arbeit als ewigen Kampf sehen möchten oder ob der »easy way« der bessere ist? Natürlich können wir unserem Chef, unserer Chefin jeden Tag zeigen, wie wir ihn/sie verachten, dass wir um Längen besser sind. Oder wir können uns entscheiden, loyal den Vorgesetzten zu »dienen«.

> **Dienen hat nichts mit Sklaverei**
> **zu tun, sondern mit meiner Bereitschaft,**
> **mein Wissen und Können in den Dienst**
> **des Unternehmens zu stellen.**

Ich weiß, dass sich bei vielen die Nackenhaare sträuben bei diesem Wort. Nicht umsonst sprechen wir Deutschen lieber von »Service« als von Dienst.

Aber dienen hat nichts mit Sklaverei zu tun, sondern mit meiner Bereitschaft, mein Wissen und Können in den Dienst des Unternehmens zu stellen. Denn das ist der einzige Grund, warum ich dort arbeite.

Wollen Sie in den nächsten zwölf Monaten richtig durchstarten? Wollen Sie die Anerkennung Ihres Chefs erringen? Mehr Freiheit und Kompetenzen bekommen? Dann dient Ihnen vielleicht dieses kleine Strategiespiel zum Vertrauensaufbau:

1.

Finden Sie heraus, worauf Ihr Chef/Ihre Chefin am meisten steht

Einen vollen Terminkalender? Höflichkeit? Absolute Pünktlichkeit? Schmeicheleien? Überstunden? Gehorsam? Memos? Kaffee und Kekse? Humor? Gute Ausdrucksweise? Beobachten Sie ihn/sie daraufhin, hören Sie genau hin, wie er (oder sie) Lob und Kritik äußert, was er wohlwollend vermerkt, worüber er sich ärgert.

Klaus Bredemeier[9], Produktmanager in einer Maschinenbaufirma weiß genau, was sein Chef schätzt: »Er legt Wert auf Tempo. Wenn er etwas braucht, muss es einfach schnell gehen. Wenn die Ideen dann noch nicht ausgereift sind, macht das nichts. Viel zu gern bringt er sich selbst noch ein.«

Hanna Droste, Controllerin in einem Computerunternehmen: »Meine Chefin liebt Diagramme, Säulendiagramme, Tortendiagramme, möglichst groß und bunt. Wenn man ihr Zahlen so präsentiert, hat man schon gewonnen.«

Volker Busch, Sales Manager bei einem Unternehmen für Telefonkommunikation: »Mein Chef möchte über alles genauestens informiert werden. Also versorge ich ihn mit einer Flut von E-Mails: welche Kunden ich getroffen habe, wie weit die Verhandlungen gediehen sind. Mich kostet es ein paar Minuten und verschafft mir dafür großen Spielraum.«

Evelyn Fischer arbeitete 13 Jahre lang als Assistentin eines Geschäftsführers in der Papierindustrie. Sie erinnert sich: »Wenn morgens eine Kanne duftenden Kaffees auf seinem Tisch stand und ich mit der Keksdose kam – obwohl er auf Diät war –, dann war er glücklich.«

Warum ist es wichtig zu wissen, was Ihr Chef schätzt? Damit Sie ihn nicht mit der falschen Taktik nerven: mit Keksen kommen, wenn er Süßes hasst; ihn mit Diagrammen zumüllen, die er nicht lesen kann; ihm schmeicheln, wenn er darauf allergisch reagiert; ihn mit E-Mails bombardieren, wenn ihn nur das Ergebnis interessiert …

2.
Versprechen Sie wenig, halten Sie viel

»Kein Problem, morgen früh haben Sie die Präsentationsfolien auf dem Tisch!« Ein tolles Versprechen, klasse, wenn's klappt. Vergewissern Sie sich aber vor solch einer Prophezeiung, dass wirklich nichts schief gehen kann. Denn es wird peinlich, wenn Sie Ihre Zusage nicht einhalten können, weil:

- Ihnen klar wird, dass Ihnen noch wichtige Informationen fehlen, der Chef aber schon auf dem Golfplatz ist;
- die Packung mit den Folien leer ist und keiner weiß, wer die letzten verbraucht hat;
- der Drucker ausfällt oder die Farbpatrone leer ist;
- nachmittags um fünf der Babysitter für abends absagt und Sie einfach nach Hause müssen.

Kann mir nicht passieren, werden Sie sagen. Okay, wenn Sie alles abgecheckt haben, mag das sein. Denken Sie trotzdem daran, dass die meisten Arbeiten doppelt so lange dauern, wie wir einplanen. Bauen Sie also lieber einen Zeitpuffer ein, wenn Sie den Abgabetermin ankündigen. Wenn Sie dann doch schneller sind, erringen Sie beim Boss den wunderbaren Ruf, schneller abzuliefern, als zu erwarten war.

Diese Taktik gilt übrigens auch für Einstellungsgespräche: Versprechen Sie darin immer ein bisschen weniger, als Sie halten können. »Leute werden befördert, wenn sie angestellt wurden, um fünf Dinge zu erledigen, und sie erledigen dann siebzehn«, schreibt der amerikanische Autor Robin Ryan[10].

Übrigens: Den meisten Dank ernten Sie, wenn Sie Ihren Vorgesetzten die Arbeiten abnehmen, die sie am meisten hassen!

3.
Wissen Ihre Vorgesetzten, was Sie leisten?

»Die müssen doch sehen, wie ich den ganzen Tag schufte«, glauben viele Teilnehmer/innen in meinen Selbst-PR-Seminaren. Denkste. Die meisten Vorgesetzten stehen selbst so unter Druck, dass sie keine Muße haben zuzuschauen, wie ihre Mitarbeiter/innen ackern. Kaum einer könnte präzise aufzählen, was da genau läuft. Fazit: Machen Sie Ihren Boss auf sich aufmerksam! Berichten Sie von Ihren Erfolgen, zeigen Sie Ihre Leistung, stellen Sie Ihr Licht nicht unter den Scheffel.

> **Machen Sie Ihren Boss
> auf sich aufmerksam! Berichten Sie
> von Ihren Erfolgen, zeigen Sie Ihre
> Leistung, stellen Sie Ihr Licht nicht
> unter den Scheffel.**

Natürlich geht das keinesfalls nach dem Muster »Duuuu, guck mal, wie gut ich bin!«. Entwickeln Sie daher Ihre eigene Selbst-PR-Strategie:

- Schicken Sie Ihrem Chef/Ihrer Chefin regelmäßige Statusreports, z. B. an welchem Fall Sie arbeiten, wie weit Sie sind. Was wie läuft, wo Sie etwas verbessert haben. Welche Kunden Sie gewinnen konnten, welche neuen Aufträge hereinkommen. Wie sich das Klima im Büro verbessert hat oder die Mitarbeiterzufriedenheit. Welche Ausfallzahlen sich verringert haben, wer von außen ein großes Lob gespendet hat.
- Bitten Sie um regelmäßige (nicht zu häufige) »Update-Meetings«: Wo stehen Sie, welche Probleme sind in Sicht, wo kommen Sie voran? Signalisieren Sie in diesen Standortbestimmungsgesprächen auch Aufstiegswünsche und vereinbaren Sie Zielvorgaben.
- Bitten Sie Ihren Boss ruhig ab und zu um Rat – befolgen Sie diesen dann aber auch! »Ich stecke mit diesem schwierigen Kunden X in einer Sackgasse. Ich habe mir deshalb folgende Strategie überlegt, was meinen Sie dazu?«
- Lassen Sie Ihren Chef/Ihre Chefin wissen, was Sie alles wissen! Niemand mag solche Besserwisser, die jeden Satz beginnen mit »Also, in unserer alten Firma haben wir das so gemacht, …«. Trotzdem macht es Sinn, Ihre Erfahrungen einzubringen, bessere Lösungen vorzuschlagen. Machen Sie sich dazu sachkundig: Lesen Sie Managementbücher, die Wirtschaftspresse, verfolgen Sie Businessnachrichten und bilden Sie sich weiter. Gehen Sie regelmäßig zu Treffen mit Leuten

aus Ihrer Branche, Ihrem Berufsfeld. Dabei kommen Sie auf neue Ideen, können etwas berichten und gleichzeitig Ihr Netzwerk vergrößern.

Fünf Anzeichen, die Ihnen zeigen, dass Sie es übertreiben:

- *Ihre Arbeit leidet,* weil Sie nur noch Selbst-PR für sich betreiben, z. B. mit »wichtigen« Leuten herumhängen, statt Ihre Aufträge zu erledigen:
- *Ihr Chef ist genervt,* weil Sie ihn mit E-Mails und Hausmitteilungen überschütten oder ständig auf seiner Schreibtischkante hocken.
- *Sie können sich nicht mehr im Spiegel ansehen,* weil Ihre Schleimspur breiter als der Rhein geworden ist.
- *Alle Kollegen hassen Sie,* weil Sie unerträglich geworden sind in Ihrer Besserwisserei und Vordrängelei.
- *Sie sind Einzelgänger/in geworden,* glauben, alles allein schaffen zu müssen, und haben vergessen, dass nur gute Teamplayer weiterkommen.

Wenn Ihr Boss eine totale Flasche ist, dann könnten Sie natürlich probieren, seinen Platz einzunehmen. Krieg anzetteln, gegen ihn intrigieren, ihn bloßstellen. Wissend, dass Sie gehen müssen, wenn Sie den Fight verlieren oder er die besseren Beziehungen hat.

Ich habe an vielen Beispielen einen besseren Weg gesehen. Schon mit einigen wenigen Loyalitätsbekundungen haben ehrgeizige Mitarbeiter/innen ihren Spielraum erheblich erweitern können, bekamen mehr Kompetenzen zugewiesen, stärkten damit ihre Position erheblich und wurden sogar zum Nachfolger/ zur Nachfolgerin aufgebaut.

Das ganze Geheimnis: anerkennen, dass er der Chef, sie die Chefin ist, und signalisieren, dass Sie die Hierarchie (jetzt noch) akzeptieren. Ihn/sie mit Respekt behandeln, ihm/ihr zuarbeiten, ihm/ihr den Gesamterfolg gönnen. Das hat nichts mit Schleimen zu tun, sondern mit Klugheit – und Großzügigkeit. Eine englische Studie hat gerade mal wieder ergeben, dass Charme das größte Erfolgsrezept ist, noch vor Klugheit und Schönheit. Die Wissenschaftler fanden heraus: Mit Charme setzen Menschen ihre Wünsche zu 26 Prozent schneller durch als ohne.

**Fünf Sätze, die Sie Ihrem Chef/
Ihrer Chefin niemals sagen sollten**

*(und wenn Sie tausendmal Recht haben),
denn sie sind Loyalitätskiller:*

»Das hätte ich Ihnen vorher sagen können!«

»Mich hat ja keiner gefragt!«

»Das musste ja in die Hose gehen!«

»Das hätte ich ganz anders gemacht!«

»Das war ja wohl nix!«

Mein persönliches Erfolgsgeheimnis

Ich habe bei vielen Festanstellungen gesehen, dass alles Können nichts nützt, wenn ich es nicht schaffe, ein gutes Verhältnis zu meinen Vorgesetzten aufzubauen. Und dass Loyalität gar nicht so einfach ist. Vor allem, wenn ich von meinen Vorgesetzten wirklich nicht viel halte. In der Rückschau zeigt sich, dass ich aus einigen Jobs sicher früher hätte rausgehen müssen, um mir dadurch einigen Frust zu ersparen. Andererseits hatte ich zwei kleine Kinder, keine Rücklagen, ein noch schwaches Selbstwertgefühl; da glaubt man nicht, dass einem die Welt und tausend tolle Offerten offen stehen!

Geholfen hätte mir sicher, zu sehen, aus welchen Gründen ich nicht befördert wurde! Damals habe ich es auf meine mangelnde Fähigkeit geschoben, heute weiß ich, es war die mangelnde Fähigkeit, »Response«, also einen guten Kontakt zu den Vorgesetzten aufzubauen, positiv auf mich aufmerksam zu machen. Ich bin inzwischen überzeugt: Das Leben ist zu kurz, um sich jeden Tag über einen inkompetenten Vorgesetzten zu ärgern.

Auch in einem weiteren Bereich habe ich erst als Unternehmerin gelernt, den Wert von Kontakten zu schätzen: beim Thema Geld. Heute weiß ich, wie wichtig es gerade als Freiberufler/in ist, sich regelmäßig beim Filialleiter, bei der Filialleiterin der Bank sehen zu lassen, zu erzählen, was läuft, welche tollen Aufträge in Aussicht sind, zu erklären, dass die Außenstände auf sich warten lassen, wann aber wie viel Geld kommt. Ehrlichkeit ist dabei, so meine Erfahrung, die beste Strategie.

Das Wichtigste ist wirklich, die Bank zu informieren, wenn es finanziell einmal eng ist. Früher habe ich mich regelmäßig tot gestellt, wenn das Konto zu weit überzogen war, sodass meine Betreuer gera-

dezu Angst kriegen mussten, ich stehe meinen Problemen hilflos gegenüber. »Hätten Sie doch einfach etwas gesagt«, hieß es dann, wenn ich mich über harsche Schreiben beklagt habe, der Art wie »Gleichen Sie Ihr Konto bitte bis übermorgen aus …«.

Heute informiere ich im Vorfeld, wenn größere Investitionen anstehen, ein Kunde immer erst Wochen später zahlt oder durch wichtige Ausgaben der Pegel nach unten rutscht. Offensichtlich mache ich meine Beraterin damit wirklich glücklich. Sie ist entspannter und großzügiger, und ich muss nicht auf die andere Straßenseite gehen, wenn ich an meiner Bank vorbeikomme.

8

BRICH DIE SPIELREGELN!

»Gib das schöne Händchen und mach einen Knicks (Diener)« – das war wohl eine der ersten Spielregeln, die Kinder meiner Generation für den Umgang mit anderen Menschen eingebläut bekamen. »Sag schön danke« war eine weitere, auch wenn wir die Blockschokolade von Tante Emma hassten und die Geschenke von Onkel Willi meistens dämlich waren. Jede Gesellschaft hat ihre Spielregeln und die meisten davon haben wir so verinnerlicht, dass wir überhaupt nicht mehr darüber nachdenken.

In der Heimat meines Mannes etwa, in dem kleinen afrikanischen Land Eritrea, gibt es so ein paar Regeln, die anfangs bei mir für einige Verwirrung, wenn nicht gar Verstimmung gesorgt haben. So ist es dort beispielsweise üblich, jemandem freudestrahlend zu sagen, wie fett er geworden sei. Wie oft war ich beleidigt, bevor mein Mann mich aufklärte, dass ein dicker Bauch für Wohlstand steht, also etwas Tolles ist.

Oder die Angewohnheit der Eritreer, dem Gegenüber nicht in die Augen zu schauen, während man mit ihm redet, »das macht man einfach nicht«. Bei uns würde das als grobe Unhöflichkeit, als Zeichen großer Unsicherheit oder gar Verschlagenheit interpretiert.

Genauso wie in Gesellschaften gibt es auch im Management von Unternehmen solche ungeschriebenen Gesetze. Das beginnt bei der Kleiderordnung und endet damit, wann abends frühestens der Schreibtisch verlassen werden darf, wenn man Karriere machen will; über wessen Witze gelacht werden muss; wer sich auf Kosten anderer profilieren darf; wer der Clown in der Abteilung ist, der immer »Ja, aber« sagen darf, ohne geschlagen zu werden; wer mit dem Taxi zum Flughafen fahren darf, obwohl alle angewiesen sind, die S-Bahn zu nehmen …

Gerade für Jobeinsteiger macht es Sinn, sich so schnell wie möglich mit den »Do's and Dont's« auseinander zu setzen. Denn es ist ungut, für etwas »abgewatscht« zu werden, was einem doch niemand gesagt hat.

Setzen Sie sich so schnell wie möglich mit den »Do's and Dont's« auseinander.

Die jeweiligen Spielregeln zu kennen ist also immens wichtig; genauso wichtig ist es aber auch, sie hin und wieder zu brechen. Ein Widerspruch? Nein, denn wenn ich die Spielregeln kenne, kann ich mich bewusst entscheiden, dagegen zu verstoßen, und kann mir ausrechnen, was dann an Erwünschtem passieren kann:

- In Ihrem Unternehmen laufen alle stets im gedeckten Deutsche-Bank-Blau oder einem lebhaften Mausgrau herum? Kommen Sie morgen mal ohne Krawatte oder im knallroten Kostüm. Und schauen Sie, was passiert. Wir alle sind Teile eines Mobiles, und vielleicht kommt das ganze System ins Tanzen, wenn ein Teilchen sich bewegt.

- »Bewerbungen bitte bis zum… an die unten angeführte Adresse schicken…« Wollen Sie eine/r von tausend Kandidatinnen/ten sein? Mussten Sie nicht »zufällig« eh in diese Stadt? Könnten Sie nicht probieren, einen Termin beim Personalchef zu bekommen? Wissen Sie, dass auf der nächsten Messe auch dieses Unternehmen vertreten ist? Also nichts wie hin.

- Ein Kollege piesackt Sie besonders widerlich? Immer wieder rauscht er in Ihr Zimmer und brüllt: »Warum ist das noch nicht fertig?« Sie können natürlich für die nächsten fünf Jahre das Spielchen mitspielen, sich also jedes Mal wieder entschuldigen oder gar zurückkeifen, oder Sie können sich in regelmäßigen Abständen beim Chef über ihn beschweren. Sie können aber auch mal etwas ganz Neues ausprobieren. Ziehen Sie beispielsweise lächelnd Ihre Schreibtischschublade auf, und schenken Sie ihm mit einem strahlenden Lächeln ein Mon Chéri oder ein Ferrero-Küsschen – »Weil Sie's doch wirklich nicht leicht haben in Ihrem Leben!« Sehen Sie sich dabei genau sein Gesicht an, wie es entgleisen wird, diesen Blick auf seine Hand, als hätten Sie ihm Gift gereicht. Ich verspreche Ihnen: Er wird nie mehr derselbe sein oder sich zumindest ein anderes Spiel ausdenken, um seine schlechte Laune loszuwerden. Und vielleicht mit jemand anderem.

- Bei den wöchentlichen Meetings sind die Stühle seit Jahren gewohnheitsmäßig fest zugeordnet? Und alle halten sich auch brav daran? Kommen Sie das nächste Mal rechtzeitig und suchen Sie sich einfach Ihren neuen Lieblingssitz aus, vielleicht neben dem Oberboss. Begrüßen Sie ihn freundlich. Olala, da wird einiges durcheinander kommen.

- Bei Verhandlungen muss man immer cool bleiben und sich an die Vorgaben aus dem Verkaufstraining oder dem NLP-Kurs halten? Ach, Quatsch, werfen Sie ruhig mal Ihre Unterlagen in die Ecke, rutschen Sie Ihren Stuhl näher zum Verhandlungspartner und sagen Sie freundlich: »Kommen Sie, wir kennen uns schon so lange. Jetzt lassen Sie uns doch mal ganz ehrlich miteinander reden …«

- Ihr Auftraggeber kann Ihr Honorar nicht zahlen? Natürlich können Sie ihn jetzt gleich verklagen. Und ihm von Ihrem Rechtsanwalt Feuer unterm Hintern machen lassen. Zufällig wissen Sie aber, dass er privat einen hervorragenden Weinkeller besitzt? Sie schlagen ihm vor: Entweder er zahlt bis zum 20. oder Sie haben das Recht, sich die 50 besten Flaschen aus seinen Regalen zu nehmen. Na Prost.

Was ernten Sie mit bewussten Übertretungen? Überraschung, Verwunderung, Ärger, Chaos?

Was werden Sie mit solchen bewussten Übertretungen ernten? Überraschung, Verwunderung, Ärger, Chaos? Vielleicht. Immer noch besser als eingeschlafene Füße. Natürlich kann eine solche Aktion auch mal schief gehen und in den falschen Hals geraten. Aber wie finden Sie den Satz »Leben wäre eine prima Alternative!«? Langweiler gibt es genug in Unternehmen. Und den Mutigen gehört die Welt.

Zahllose Untersuchungen haben gezeigt: Die wirklich erfolgreichen Menschen im Business wurden es, weil sie ganz bewusst Spielregeln gebrochen haben. Weil sie nicht immer »Ja, Herr Lehrer« gesagt und etwas riskiert haben. Weil ihnen der Wunsch, Neues aufzubauen, wichtiger war, als keinen Fehler zu machen. Weil sie den Mut aufbrachten, die gewohnte Sicherheit zurückzulassen, um sich in der Unsicherheit zu beweisen.

Langweiler gibt es genug in Unternehmen. Und den Mutigen gehört die Welt.

Welche ungeschriebenen Spielregeln gibt es in Ihrem Unternehmen?

_____

_____

_____

_____

Welche hätten Sie Lust zu brechen?

_____

_____

_____

_____

Es gilt aber nicht nur die äußeren Spielregeln zu brechen, sondern auch die inneren. Wir haben – siehe »schönes Händchen« – Leitsprüche ohne Ende im Kopf: »Erwachsene unterbricht man nicht« oder »Sei bescheiden«; »Was sollen denn die Nachbarn denken« oder »Das kann ich nicht«, »Ich bin so ungeschickt« oder »Ich werde niemals reich«.

Wir haben diese Sprüche als Kind so oft gehört, dass wir sie als Wahrheiten verinnerlicht haben. Dabei hindern sie uns oft, unsere Talente zu leben oder unsere Träume. Ich berate viele Männer und Frauen dabei, mit Ende 30, Anfang 40 noch einmal herauszufinden, ob sie beruflich nicht noch ganz etwas anderes machen könnten. Und stelle dabei fest: Die meisten Menschen fahren mit angezogener Handbremse durchs Leben. Das heißt: Sie bleiben hinter ihren Fähigkeiten zurück, weil diese inneren Spielregeln sie mutlos machen oder gar richtiggehend lähmen. Sie haben zwar tief in ihrem Inneren eine Sehnsucht nach mehr Leben, mehr Freude, mehr Herausforderung, doch die Regeln sind stärker.

Aber, so sagt die Psychotherapeutin Angela Seifert, »das Leben ist etwas so Wertvolles und Kostbares, dass es sich wirklich lohnt, eingefahrene Gleise zu verlassen … Zur Veränderung gehört ein gewisser Leidensdruck und die Erkenntnis, dass ich es mir wert bin, aus meinem Leben das Beste zu machen.«[11]

Das Leben ist etwas so Wertvolles und Kostbares, dass es sich wirklich lohnt, eingefahrene Gleise zu verlassen.

Hilfreich dabei kann ein Coaching sein, also ein Gespräch mit einem Außenstehenden, der solche Fragen stellt wie »Na und, was wäre wenn?« oder »Warum sollten Sie eigentlich nicht?«. Lassen Sie mich diesen Prozess an einem Beispiel schildern:

Maria Seitz war eine von denen, die aus der Unzufriedenheit hinauswollten. Neun Jahre lang hatte sie als Geschäftsführerin eines Verbandes gearbeitet, nach außen wohl angesehen, von Bekannten beneidet. Nur ihre besten Freunde wussten, wie unglücklich sie mit der Zeit wurde: »Ich wurde vom Vorstand bis zur Bestellung von Büroklammern kontrolliert. Neues durfte grundsätzlich nicht eingeführt werden, gegen jede Veränderung haben sie sich gesperrt. In diesem konservativen Umfeld konnte ich kaum noch atmen.«

Die schlechte Stimmung machte sich im Umgang der 13 Mitarbeiter miteinander bemerkbar. Wichtige Verbesserungen durften nicht gemacht werden, die Fluktuation unter den Jungen war enorm hoch, die Älteren warteten nur noch auf die Rente. Und mittendrin Maria, 48 Jahre. Sie lebte nur noch von Wochenende zu Wochenende, von Urlaub zu Urlaub. Zu jung, um auf die Rente zu hoffen. Zu alt, um noch einmal etwas Neues anzufangen?

Sprengen Sie Ihre Fesseln!

Damit waren wir genau bei ihren inneren Spielregeln: »Als Frau bekomme ich nie wieder solch eine tolle Chance« war die eine, »Wer nimmt denn noch jemanden in meinem Alter?« die andere, »Was ich jetzt habe, weiß ich. Ob's woanders besser ist, weiß niemand« war die dritte.

Drei Fesseln, die sie davon abhielten, sich aus der unglücklichen Lage zu befreien. Drei Fesseln um ihr Herz. Tief drinnen wusste sie jedoch, dass sie um ihres Lebensglücks willen diese Fesseln sprengen musste. Wir begannen, an der ersten Spielregel zu arbeiten: Als Frau bekomme ich nie mehr eine solche Chance. Im ersten Treffen gab ich Maria die »Hausaufgabe«, fünf Frauen zu finden, die mit Ende 40, Anfang 50 noch einmal von vorne angefangen hatten.

Es fiel ihr überhaupt nicht schwer, diese Frauen zu finden, schon allein aus ihrem Bekanntenkreis, nur war ihr vorher nie aufgefallen, wie mutig diese Frauen Neues angepackt hatten. Und vor allem: Sie hatte diese Beispiele nie mit ihrer eigenen Opferrolle, in der sie sich fühlte, in Verbindung gebracht.

Dann hieß es, die zweite Fessel zu sprengen: die Überzeugung, dass es eine Gnade wäre, in ihrem »hohen Alter« noch einmal einen interessanten Job zu bekommen. Stundenlang waren wir damit beschäftigt, ihr angeknacktes Selbstbewusstsein wieder aufzubauen. Wir schrieben lange Listen mit ihren Stärken, ihren Erfahrungen, ihren Erfolgen. Erst nach und nach erinnerte sie sich überhaupt, was sie in ihrem Leben schon alles geleistet hatte, welche Ausbildungen und Weiterbildungen sie vorweisen konnte, auf welche Projekte sie mit Recht stolz sein konnte. Und sie freundete sich erstmals mit dem Gedanken an, sich selbständig zu machen, gar nicht so sehr auf eine neue Festanstellung zu hoffen. Im Gespräch kam sie darauf, dass sie aus einer Unternehmerfamilie stammte, also durchaus mit der Unsicherheit ei-

ner Selbstständigkeit vertraut war – und es gar nicht so bedroh-
lich erlebt hatte.

Wir entwickelten gemeinsam ein Konzept für ein Beratungs-
unternehmen, mit dem sie einen interessanten Markt bedienen
könnte, und entwickelten ein erstes Marketingkonzept. Uns fiel
sogar schon ein Name für ihr tolles Unternehmen ein. Es war
sehr schnell klar, dass ihre Lebenserfahrung, und damit ihr Alter,
gerade in der Beratungstätigkeit ein großes Plus sein würde.

Der dritte Punkt war dann relativ schnell abgehakt: Maria
musste lachen, als ich ihr diesen Satz aus unserem ersten Treffen
vorlas. Natürlich stimmt es, dass man nicht weiß, was einen nach
einem Neuanfang erwartet. Doch was für eine Banalität. Wäre es
besser, in Sicherheit und unglücklich zu bleiben? In was für einer
Sicherheit? Und wer könnte ihr garantieren, dass nicht eines Ta-
ges ein neuer Vorstand sie, schwupps, hinauskicken würde?

Als einstweiligen Abschluss unserer Coachinggespräche for-
mulierte sie ein Kündigungsschreiben und legte den Termin für
die Kündigung fest. Sie nahm eine lange To-do-Liste für ihren
weiteren Erfolgsweg mit, auf der ganz oben stand: Erst mal erholen!!!

Für mich war es spannend zu beobachten, wie sich aus einer
angespannten, supernervösen Frau mit dunklen Ringen unter
den Augen in diesen wenigen Monaten eine fröhliche, mutige
Person entwickelte; eben der Mensch, der sie eigentlich war, der
die alten Spielregeln über Bord warf, um wieder glücklich zu
sein.

Welche inneren Spielregeln bestimmen Ihr Leben?

Welche hätten Sie Lust zu brechen?

Mein persönliches Erfolgsgeheimnis

Ich kann mich sehr gut in die Klienten hineinversetzen, die es schwierig finden, Spielregeln zu brechen, um glücklicher und erfolgreicher zu sein. Ich war viele Jahre »staatstragend brav«, habe mir leicht den Schneid abkaufen lassen, und habe erst mit dem »Erwachsenwerden« (nach der Geburt meiner beiden Kinder) gemerkt, dass es keinen Sinn macht, der Norm zu folgen. »Anything goes« halte ich für etwas übertrieben, aber es geht sehr viel mehr, als wir uns oft vorstellen können.

Ich war als Journalistin arbeitslos, hatte zwei kleine Kinder und jobbte als Sekretärin. Ich schrieb aufs Geratewohl eine Geschichte über die Eifersucht meiner Großen auf das Baby und schickte diese direkt an den Chefredakteur der Zeitschrift »Eltern«. Wenig später bekam ich dort einen Job als Redakteurin.

In einem Bewerbungsgespräch verdoppelte ich mal eben mein Gehalt, weil ich ausprobieren wollte, was mir ein männlicher Kollege erzählt hatte: »Du musst noch viel mehr fordern, als du für möglich hältst.« Und es klappte.

> **»Anything goes« halte ich für etwas übertrieben, aber es geht sehr viel mehr, als wir uns oft vorstellen können.**

In einem anderen Bewerbungsgespräch handelte ich mal eine Viertagewoche bei vollem Gehalt aus, weil die Chefinnen mir nicht so viel Geld zahlen konnten, wie ich mir vorgestellt hatte. Im Gespräch kam ich auf die Idee mit der kurzen Woche – und bekam sie zugestanden, als Erste in der Redaktion.

Ich trete regelmäßig im Fernsehen auf. Hätte mir das jemand vor zehn Jahren gesagt, hätte ich ihn für verrückt erklärt und darüber lamentiert, wie in Castings nur schlanke, blonde, große junge Mädels ausgesucht werden. Als Erfolgstrainerin bin ich nun jeden Monat im Hessischen Fernsehen und immer häufiger in anderen Sendern zu sehen.

Hätte mir altem Angsthasen vor zehn Jahren jemand gesagt, ich würde Unternehmerin mit mehreren Angestellten, hätte ich ihn schlichtweg ausgelacht. Ich traute mich nicht mal als freie Journalistin zu arbeiten, sondern legte immer viel Wert auf die Festanstellung und die monatliche Überweisung. Heute leite ich ASGODOM LIVE, liebe es, mit meinem Team zu arbeiten, und entwickle meine unternehmerischen Fähigkeiten.

Ich bin deshalb heute auch immun gegen alle Sprüche wie »Das geht sowieso nicht« und freue mich diebisch, wenn ein Klient dem vermeintlichen Schicksal mal wieder ein Schnippchen schlägt – in dem er dumme und veraltete Spielregeln einfach bricht!

9

SUCH DIR UNTERSTÜTZUNG!

Wenn Sie ein guter Schüler, eine gute Schülerin waren, erinnern Sie sich vielleicht noch daran, dass Sie in der Schule (oder von den Eltern) aufgefordert wurden, niemanden abschreiben zu lassen und das Geschriebene schön mit dem linken Arm abzuschirmen. In diesem Land wurden lange Zeit lauter kleine Einzelkämpfer/innen herangebildet. Im Beruf erweist sich eine Einstellung nach dem Motto »Selbst ist der Mann/die Frau!« und »Jeder ist sich selbst der Nächste!« als großes Hindernis.

Einzelkämpfer haben es verdammt schwer. Alles müssen sie allein machen, alles können, alles schaffen, alles wegstecken, niemanden können sie um Hilfe bitten. Und den Aufstieg verdanken sie – natürlich – ausschließlich ihrem Fleiß. Was für ein hartes Leben! (Es soll übrigens schneller alt machen.)

Suchen Sie sich Verbündete, Unterstützer, Mitspieler.

Deshalb: Suchen Sie sich Verbündete, Unterstützer, Mitspieler. Schließen Sie Koalitionen – mit Männern, mit Frauen, in Ihrem Unternehmen, in Ihrem Bekanntenkreis, in Ihrer Branche, lokal, weltweit. Setzen Sie auf Teamarbeit, nutzen Sie das Zusammenspiel. Und holen Sie sich Mut und Stärke aus diesen Koalitionen.

Von Fußballern lernen heißt siegen lernen!

Die Teamarbeit in Unternehmen ist wie Fußball spielen. Ja, Sie haben richtig gelesen. Längst ist Fußball aus dem Image des »Prolo-Sports« herausgetreten, selbst Intellektuelle dürfen sich heute ungeschoren als Fußballfans outen. Wer genau hinsieht, erkennt viele Parallelen zwischen Wirtschaft und Fußball: Nicht mehr das »Ranklotzen«, sondern das »intelligente« Spiel wird gefeiert, technische Fertigkeiten und Feinheiten werden bewundert. Die besten Spieler aus allen Kontinenten werden zu Spitzenteams zusammengekauft (Globalisierung), tumber Nationalismus wird dabei zwangsläufig überwunden. Fußball ist Geschäft, die Kunst des Merchandising bringt die fettesten Gewinne. Vereine werden heute nicht von gemütlichen Bierbäuchen in Jogginganzügen geleitet, sondern von smarten Managern.

> **Wer genau hinsieht, erkennt viele Parallelen zwischen Wirtschaft und Fußball: Nicht mehr das »Ranklotzen«, sondern das »intelligente« Spiel wird gefeiert.**

Das Spiel selbst fördert Tugenden, die auch in unserem wirtschaftlichen Wertesystem, das auf Teamgeist setzt, Vorteile bringen. Lassen Sie mich an dieser Sportart einige wichtige Begriffe für gute Zusammenarbeit erläutern (dazu müssen Sie wissen, dass ich seit meinem 13. Lebensjahr – Wembley 1966! – ein Fußballfan und sogar geprüfte Schiedsrichterin bin):

Fußballbegriff	Bedeutet im Spiel	Bedeutet im Job
Abgeben	Die Kunst zu sehen, wer besser zum gegnerischen Tor steht. Die Größe haben, nicht starrköpfig aus einer aussichtslosen Position heraus selbst zu schießen, sondern den Ball an den günstiger Stehenden abzugeben. Also den gemeinsamen Erfolg in den Vordergrund stellen.	Genau hinsehen, wer in der günstigeren Position ist, und mit ihm zusammenarbeiten. Raus aus der Einzelkämpferrolle gehen, sich zum Teamplayer entwickeln. Die Stärken jedes Einzelnen berücksichtigen und gezielt einsetzen. Auf den Gesamterfolg des Teams setzen und doch Chancen sehen, die uns andere bieten.
Aufwärm-training	Wenn Spieler die 90 Minuten durchhalten wollen, dann müssen sie sich gut aufwärmen. Also, die Muskeln lockern, die Sehnen strecken, sich aufs kommende Spiel konzentrieren. Sonst werden sie leicht zum Ausfall und die anderen müssen die Arbeit mitmachen. Bei längerem Ausfall ist der Stammplatz in Gefahr.	Wenn wir bei den sich rapide verändernden Wirtschaftsbedingungen »Stammspieler« bleiben wollen, dann können wir uns nicht auf früheren Erfolgen ausruhen. Um dem Team zu dienen, müssen wir beruflich fit bleiben: unsere Fähigkeiten weiterentwickeln, uns auf dem Laufenden halten, Neues lernen, Wissen austauschen.
Viererkette	Hat den Ausputzer ersetzt. Statt einem »Beißer«, der gnadenlos dem gegnerischen Stürmer in die Beine grätscht,	Abrüstung in Unternehmen ist angesagt. Mediation ist das Schlagwort dazu: Konflikte rechtzeitig ansprechen und lösen,

	bevor tiefe Feindschaften entstehen. Aktive Kommunikation verhindert Probleme, schafft Vertrauen.
Teamchef	»Leadership« ist ein aktueller Begriff im Management. Einer muss das Sagen haben, trägt die Gesamtverantwortung, ist auch der, der den Kopf hinhalten muss, wenn etwas schief geht. Ist aber bei passivem Widerstand des Teams verloren. Braucht die Kunst, die Mitarbeiter zu Höchstleistungen motivieren zu können.
	Trainer und Vorgesetzter der Spieler, bestimmt die Aufstellung und die Taktik, setzt Spieler ihren Stärken und ihrer Form nach ein, ist auch für Auswechslungen zuständig. Sein Wort ist Gesetz. Ist auf den Respekt und die Akzeptanz der Mannschaft angewiesen, sonst – Trainerwechsel.
Abpfiff	Wer zur Deadline keine brauchbaren Ergebnisse vorzuweisen hat, hat verloren. Dabei muss man sich oft vom Perfektionismus, vom »Schönspielen« verabschieden. Bei der Zeitplanung muss man unbedingt störende Überraschungen mit einplanen. Denn wer zu spät kommt, den bestraft das Leben.
	Das Spiel hat 90 Minuten plus Nachspielzeit. Wer die Chancen in dieser Zeit nicht nutzt, sprich keine Tore schießt, kann nicht gewinnen. Manche Mannschaft verliert, weil sie »zu schön« gespielt hat und die Bälle ins Tor »tragen wollte«. Und kurz vor Schluss kann es noch dicke Überraschungen geben.

sorgen vier Spieler als Kette für die für die Raumdeckung und bauen die Abseitsfalle auf, um Schussmöglichkeiten gar nicht erst entstehen zu lassen.

Haben Sie richtig Lust bekommen, Ihr Mannschaftsspiel noch zu verbessern, um sich die Unterstützung anderer zu sichern? Wenn es sich um Win-Win-Verhältnisse handelt, haben alle etwas davon, dann ist es ein Geben und Nehmen. Männliche Seilschaften funktionieren so seit Jahrtausenden. Frauen reden bei ihren Businessverbindungen lieber von »Netzwerken«. Klüngel nennt man das übrigens in Köln. Ist auch schon uralt. Und funktioniert nach dem gleichen Prinzip:

- Ich weiß etwas und erzähl dir davon.
- Ich kenne jemanden und öffne dir eine Tür.
- Du willst etwas erreichen, ich unterstütze dich dabei.
- Ich empfehle dich an jemanden.
- Ich brauche etwas, und du kannst es mir vermitteln.

Wenn Sie beim Ausfüllen der Liste auf der gegenüberliegenden Seite merken, dass Sie zu wenige Unterstützer haben, überlegen Sie, wen Sie dazu machen könnten. Ist unter Ihren Freunden/ Freundinnen niemand, der Ihren beruflichen Weg versteht und unterstützt? Suchen Sie sich neue Freunde dazu, mit denen Sie auch mal einen Abend über den Job reden können. Oder gehen Sie regelmäßig zu Treffen von Verbänden, Clubs oder Netzwerken, wo Sie auf Gleichgesinnte stoßen. Besprechen Sie mit Ihrem Partner, warum Sie sich beruflich so engagieren, was Ihnen wichtig ist, und bitten Sie ihn um seine Unterstützung.

Fehlen Ihnen im Job hilfreiche Koalitionen? Bilden Sie welche! Besprechen Sie beispielsweise vor einer wichtigen Konferenz mit einem guten Kollegen/einer guten Kollegin die Erfolg verspre-

Wer sind Ihre Unterstützer?

Schreiben Sie doch mal auf, von wem Sie Unterstützung bekommen,

- wer an Sie glaubt,
- wer Ihnen Türen öffnet,
- wer Ihnen bei Problemen zur Seite steht,
- wen Sie fragen können,
- wer Ihnen Mut macht,
- bei wem Sie sich »ausweinen« können:

Im Job:

_____

_____

_____

Im Freundeskreis:

_____

_____

_____

In der Familie:

_____

_____

_____

chende Strategie für die Durchsetzung eines Projekts. Und werfen Sie sich dann im Meeting die Bälle zu. Nutzen Sie auch professionelle Unterstützung, beispielsweise durch einen Coach oder durch besseres Delegieren.

Mein persönliches Erfolgsgeheimnis

Bei jedem beruflichen Schritt war ich mir der Unterstützung meines Mannes Teferi sicher! Ich empfinde das als großes Geschenk. Egal, ob ich irgendwo kündigen wollte, ob ich etwas Neues begonnen hatte, ob ich Risiken einging, mein Mann war immer auf meiner Seite: »Wenn du das möchtest, tu es!«

Für ihn war es selbstverständlich, seine 50 Prozent an der Elternschaft voll auszufüllen, und manchmal mehr. Ich werde nie vergessen, wie ich vor vielen Jahren einmal die Einladung der amerikanischen Regierung bekam, fünf Wochen lang durch die USA zu touren. (Unter dem Programmtitel »Challenge for Women« hatte ich als Journalistin die Gelegenheit, Fraueninitiativen, Politikerinnen und Lobbyistinnen in New York, Washington, San Francisco und Seattle zu treffen!) Ich musste mich sehr kurzfristig am Telefon entscheiden. Den Hörer am Ohr, fragte ich Teferi: »Ich – nächste Woche Donnerstag – fünf Wochen USA?« Er lächelte und nickte mir beruhigend zu. Und ich wusste, er würde sich um die Kinder kümmern, ich konnte ganz beruhigt fahren.

So, wie ich immer auf Reisen oder bei Abendterminen wusste, den Kindern mangelt es an nichts, wenn ich mal nicht da bin. Denn sie haben einen wirklichen Vater, einen mütterlichen Vater, meine ich, der immer für sie da ist. Der nicht schlechter kocht, zuhört, wäscht, mit

Lehrern redet, Grenzen setzt und Freiräume lässt als ich. Das war für mich immer äußerst beruhigend und hat mir die Kraft gegeben, neben dem Muttersein auch die berufliche Erfüllung zu finden.

Als ich beschloss, mich selbstständig zu machen, sprach ich natürlich vorher mit Teferi darüber. Er sagte nur: »Mach es, du wünscht es dir doch schon so lange.« Dazu muss man wissen, mein Mann und ich reden daheim nur sehr wenig über unsere Berufe. Ich habe ihm also nicht Abende vorgejammert, wie unglücklich ich in meinem Job war. Aber er hat eine überragende Menschenkenntnis.

Ich kann sagen, mein Mann ist mein größter Unterstützer: Er hat immer an mich geglaubt und ist stolz auf mich. Und er ist dabei der selbstbewussteste und männlichste Mann, den ich kenne. Das klingt fast nach einer Liebeserklärung? Die ist es auch.

10

LASS DICH NICHT STRESSEN!

Powerfrauen, Macher – typische Wörter aus den Neunzigern. Wie aufgedreht immer an der Karriere schraubend, hart und unbarmherzig. Arme Mädels, arme Jungs. Funktionierten nach dem Motto: Oben Power rein, unten Arbeit raus. Der Bamberger Soziologe Manfred Garhammer hat kürzlich festgestellt, dass der Wecker in Deutschland eine halbe Stunde früher klingelt als vor 30 Jahren; wir essen schneller, arbeiten schneller und schlafen kürzer. Es stehe immer weniger Zeit für Muße zur Verfügung, weil mehr Zeit für die Planung des Lebens erforderlich sei.[12]

> **Wer in schwierigen Zeiten einen klaren Kopf behalten will, muss lernen, sorgsam mit seiner Energie umzugehen.**

Wer in schwierigen Zeiten einen klaren Kopf behalten will, muss lernen, sorgsam mit seiner Energie umzugehen, Zeiten von Anspannung und Entspannung abzuwechseln, Energiequellen zu nutzen und neue zu erschließen. Sich mit belebendem Eustress anzufreunden und krank machenden Distress zu meiden. Work-Life-Balance nennt man in Amerika diese Suche nach Energiebalance. Das *Deutsche Ärzteblatt* hat den gemeinsamen Nenner sehr alt gewordener Menschen so zusammengefasst: »Aktive

Menschen, die ihrer Umwelt gegenüber entspannter, selbstbe-
wusster und eher dominant auftreten.«[13]

Was gegen Stress hilft: Suchen Sie in der Arbeit und in Ihrer
Freizeit die Nähe von Leuten, die Ihnen gut tun. Und schützen
Sie sich andererseits vor Energieräubern. Kennen Sie auch solche
Kolleg/innen oder Freund/innen, die es schaffen, Sie mit einem
Blick oder einem Satz »runterzuziehen?« »Hoffentlich ist bald
Wochenende«, brummen die schon montags. »Scheißladen …«,
zischeln sie neben Ihnen in der Konferenz. »Was haben Sie denn
schon wieder angerichtet?!«, tönt es Ihnen am Morgen entgegen.
Meiden Sie deren Nähe, wann immer es geht. Sagen Sie diesen
Negaholikern notfalls, dass Sie das Gemecker nervt und Sie es
nicht mehr hören wollen.

> **Suchen Sie die Nähe von
> Leuten, die Ihnen gut tun. Und
> schützen Sie sich vor Energie-
> räubern.**

Zu den äußeren Energieräubern zählen auch ganze Unternehmen, die ihre Mitarbeiter/innen regelrecht aussaugen und ihnen
zu wenig zurückgeben – an Anerkennung, Ermutigung und
Wertschätzung. Man erkennt sie daran, dass die Mitarbeiter
abends mit weniger Selbstwertgefühl aus dem Büro hinausgehen,
als sie morgens hineingegangen sind. Die Enttäuschung, dass
man von seinen Vorgesetzten nicht wertgeschätzt wird, führt zu
höherem Stress und irgendwann zur Demoralisierung. Was Sie

aus Selbstschutz tun können, falls Sie in einem solchen »Vampir-Unternehmen« arbeiten? Da gibt es nur eins: sich nach einem anderen Job in einer anderen Abteilung, unter einem anderen Chef oder gar in einem anderen Unternehmen umsehen. Oder wollen Sie die nächsten dreißig Jahre schlechte Laune haben?

Die Stressexpertin Dr. Sabine Schonen-Hirz, Ärztin und Autorin, führt folgende Krankheiten auf Distress zurück: Bluthochdruck, Arterienverkalkung, Herzrhythmusstörungen, Verspannungen, Magengeschwüre, Infektionsanfälligkeit und hormonelle Störungen. Sie schreibt: »Zu viel Stress macht unglücklich, dumm, hässlich und krank. Vier gute Gründe, etwas dagegen zu tun!«[14] Und sie empfiehlt drei »offene Geheimnisse für Vitalität und Lebensfreude«:

Offenes Geheimnis Nr. 1:
Bewegung

Offenes Geheimnis Nr. 2:
Entspannung

Offenes Geheimnis Nr. 3:
Ja sagen zu mir.

Und Iris Vormann, eine Münchner Bewegungslehrerin, sagt knallhart: »Zehn Stunden am PC ist Ausbeutung. Vielleicht muss man es ab und zu mal machen, darf sich dann aber nicht wundern, wenn Rücken, Schultern und Nacken wehtun. Mit einer Wellnesswoche alle zwei Jahre kann dieser Megastress nicht wieder gutgemacht werden.«

Besonders Männer, das zeigen viele Untersuchungen, gehen gnadenlos mit ihrer Gesundheit um. In fast allen Industriegesellschaften haben Frauen eine beinahe sieben Jahre höhere Lebenserwartung (in Russland sind es sogar 13 Jahre!). Eine der Ursachen, so Theodor Klotz von der Klinik für Urologie der Universität Köln[15], ist die Tatsache, dass Männer sich immer noch verpflichtet fühlen, die gesellschaftlichen Erwartungen an ihre Rolle zu erfüllen: Ernährer der Familie, erfolgreich im Beruf und ein guter Vater zu sein; die Folgen: Herzerkrankungen und Krebs.

Bei Frauen, so hat der Forscher festgestellt, wirke sich die Mehrfachbelastung durch Beruf und Familie dagegen eher gesundheitsfördernd aus. Die zusätzliche Beanspruchung vergrößere aus weiblicher Sicht die Gestaltungsspielräume. Durch die Rollenerweiterung bleiben Frauen länger geistig und körperlich vital. Außerdem hätten sie Vorteile, weil sie mehr Freunde und Vertraute hätten, denen sie ihr Herz ausschütten könnten. Männer erhielten (und forderten) dagegen weniger Unterstützung.

Aber noch einen wichtigen Aspekt hat der Kölner Arzt herausgefunden: Frauen halten Gesundheit nicht für etwas Selbstverständliches. Sie schätzen sich selbst als »verwundbar« ein und lassen deshalb häufiger Vorsorgeuntersuchungen durchführen als Männer. Die sähen ihren Körper als Maschine, die zu funktionieren habe.

Diese Beobachtung deckt sich mit Erfahrungen aus meinen Seminaren. Seit einiger Zeit frage ich regelmäßig die Motivation der Teilnehmer/innen ab (siehe Seite 25ff.). Und der Unterschied ist frappant: Etwa 40 Prozent der Frauen bezeichnen Gesundheit als ihren höchsten Wert! Bei Männern sind es keine zehn Prozent!

Wir alle sollten lernen, die »Wake-up-calls« unseres Körpers ernst zu nehmen, als Hinweise darauf, dass wir nicht in der Balance sind und etwas für unseren Energiehaushalt machen müssen.

Es gibt aber auch innere Energieräuber. Scham gehört zu den radikalsten. Scham über etwas, was wir einmal getan haben oder nicht getan haben; Scham über uns selbst, wie wir aussehen, wie wir reden, wie wir denken ... Scham macht schwach, verletzlich, mürbe. Überlegen Sie, ob das irgendwie Ihr Thema ist, ob Sie etwas mit sich herumschleppen, vielleicht aus frühester Kindheit, das Ihnen Kraft stiehlt. Und setzen Sie sich damit auseinander. Vielleicht hat Ihnen jemand ein schlechtes Gewissen eingeredet. Vielleicht haben Sie Erwartungen nicht genügt. Vielleicht ist es aber auch endlich an der Zeit, sich mit der eigenen Unvollkommenheit zu versöhnen.

Es gibt auch innere Energieräuber. Scham gehört zu den radikalsten.

Der Arzt Till Bastian behauptet sogar: »Scham ist eines der großen Tabuthemen im Reich der Gefühle – und das Schamerlebnis ein starker Stressreiz, der häufig zum Distress entartet ... Schamerlebnisse, die sich regelmäßig wiederholen, haben eine Schrittmacherfunktion bei der Entstehung chronisch depressiver Stimmungslagen.«[16]

Deshalb ist auch das Schlimmste, was Vorgesetzte oder Kollegen ihren Mitarbeitern (und Lehrer ihren Schülern) antun kön-

Energieräuber Scham

»Schäm dich!« Diesen Satz haben wir wohl alle mal als Kind gehört. Wofür schämen Sie sich? Über etwas, was Sie mal getan haben, oder etwas, das Sie mal unterlassen haben? Über Ihre Figur, einen Körperteil oder eine Angewohnheit? Versöhnen Sie sich mit Ihrer Unvollkommenheit!
Hier ein Beispiel, fügen Sie Ihre Versöhnung ein:

Ich schäme mich …
weil ich mal sehr schlecht über eine Freundin geredet habe

_____

_____

_____

Ich weiß heute …
ich war neidisch auf sie, weil alle Jungs hinter ihr her waren

_____

_____

_____

Ich verzeihe mir …
weil ich damals 13 war und sehr unglücklich

_____

_____

_____

nen, sie zu beschämen, indem sie beispielsweise vor versammelter Mannschaft über ihre Schwächen herziehen oder sich über Fehler lustig machen.

Davor am besten geschützt sind übrigens Sonderlinge, die sich keinen Deut darum scheren, was andere von ihnen denken. Der britische Psychologe David Weeks fand das schon 1996 bei einer Untersuchung über Exzentriker heraus. »Sie sind gegenüber dem physiologischen Tribut, den der Stress fordert, ziemlich unempfindlich, weil sie kein Bedürfnis nach Anpassung empfinden.«[17]

Weniger Stress durchs 80/20-Prinzip

Stress entsteht aber auch, wenn wir mehr Energie aufwenden müssen, als wir »nachtanken« können. Um Energie zu sparen, helfen ganz praktische Methoden, zum Beispiel das Wissen um das 80/20-Prinzip (oder Pareto-Prinzip). Dieses Prinzip beruht darauf, dass es einen mathematischen Zusammenhang von 80 zu 20 gibt, der immer wieder auftaucht. Einige Beispiele: 20 Prozent der Bevölkerung Großbritanniens besaßen im 19. Jahrhundert 80 Prozent des Reichtums. Oder: 20 Prozent der Autofahrer verschulden 80 Prozent der Unfälle. Oder: 20 Prozent der Produkte eines Unternehmens machen 80 Prozent des Umsatzes aus. Oder: Wir tragen in 80 Prozent der Zeit 20 Prozent unserer Kleider.

Wenn Sie Klarheit über die 80/20-Verteilung bekommen haben, wissen Sie, in welchen Bereichen Sie investieren sollten.

Ihre persönliche 80/20-Regel

In welchem Bereich könnte das Pareto-Prinzip bei Ihnen zutreffen? Rechnen Sie doch mal nach.

- *Als Freiberufler/in:* Von wie vielen Auftraggebern bekommen Sie den Großteil Ihrer Honorare?
- *Als Eltern:* Mit wie vielen Sätzen erreichen Sie die meiste Wirkung bei Ihren Kindern?
- *Als Angestellte/r:* Mit welchen Kunden haben Sie den meisten Ärger?
- *Als Unternehmer/in:* Mit welchen Produkten machen Sie den meisten Umsatz?
- *Als Student/in:* Mit welchem Teil Ihrer Lektüre erarbeiten Sie sich das meiste Wissen?

Wenn Sie Klarheit über die 80/20-Verteilung bekommen haben, wissen Sie, in welchen Bereichen Sie investieren sollten, um mit weniger Aufwand/Energie/Stress mehr zu erreichen!

Die meisten Menschen glauben intuitiv eher an eine »Fifty-fifty-Verteilung«, schreibt der britische 80/20-Experte und Strategieberater Richard Koche[18], »aber Sie werden sehen, dass 80 Prozent dessen, was Sie erreichen, auf 20 Prozent der aufgewandten Zeit zurückgeht. In der Praxis sind daher vier Fünftel der Anstrengung weitgehend unbedeutend.« Die Kunst dabei ist allerdings, die richtigen 20 Prozent herauszufinden.

Mein persönliches Erfolgsgeheimnis

Es klingt einfach, aber ich habe die Gabe, aus allem das Beste zu machen. Sprich: mich mit allen Gegebenheiten zu arrangieren. Ich war eine begeisterte Lokalreporterin, habe Mietergeschichten geschrieben und Ferienaktionen mit Kindern organisiert. Ich war eine begeisterte Sekretärin, fand es keinesfalls »unter meiner Würde«, anderer Leute Briefe zu schreiben oder für sie Telefondienst zu machen. Ich war eine begeisterte »Eltern«-Redakteurin, habe in dieser Zeit unglaublich viel über Psychologie und Pädagogik gelernt. Nie werde ich ein Interview mit Alice Miller (»Am Anfang war Erziehung«) vergessen, es war ein wichtiger Puzzlestein in meiner Entwicklung.

Ich war sehr unglücklich in der Rolle der Textchefin bei einer bekannten Frauenzeitschrift und habe, als ich merkte, es wird nicht besser, nach einem Jahr wieder den Absprung gefunden. Was ich gelernt habe: Status und Posten sind mir nicht wichtig, ich brauche Spaß in meinem Job. »Cosmopolitan« war danach genau das Richtige. Ich hatte das Gefühl, etwas bewegen zu können, durfte mit vielen selbstbewussten Frauen zusammenarbeiten und habe mich jeden Morgen aufs Büro gefreut – viele Jahre lang. Natürlich wurde dann einiges auch zur Routine, konnte ich nicht alles umsetzen, was ich mir vorstellte. Deshalb ergriff ich die Riesenchance, mich als Managementtrainerin und Buchautorin zu etablieren. Und wieder stürzte ich mich mit Begeisterung hinein.

»Wie schaffst du das alles?«, wurde ich in dieser Zeit oft gefragt. Meine Antwort, auch heute noch: »Es macht mir alles unglaublichen Spaß. Es ist mir wichtig, ich bin mit Leidenschaft dabei.« Mein Energieakku ist vielleicht auch ein bisschen größer als bei anderen, den ha-

be ich wohl von meiner aktiven, engagierten Mutter. Und ich habe die Gabe, ihn auch schnell wieder aufladen zu können. Zwei, drei Nächte volle zehn Stunden geschlafen, und ich kann wieder Bäume ausreißen.

Irgendwann wurde es allerdings selbst mir zu viel, ich lebte quasi zwei berufliche Parallelkarrieren und geriet echt in Stress. Das äußerte sich beispielsweise durch Vergesslichkeit, ich schrieb Namen von Personen auf, mit denen ich telefonierte, und vergaß fünf Minuten später, wer es war und was ich verabredet hatte. Und andererseits raste ich nur noch im Stechschritt durch die Redaktion und freitags bis sonntags durch Deutschland.

Als mein Mann zu einem längeren Besuch in seine Heimat fuhr, entschloss ich mich, in dieser Zeit keine Seminare und Vorträge zu halten, um mehr Zeit für die Kinder zu haben. Schon nach vier Wochen hatte ich so schlechte Laune, dass mich sogar meine Kolleginnen darauf ansprachen: »Was ist denn mit dir los? So kennen wir dich ja gar nicht.« Da wusste ich, dass ich das Falsche aufgegeben hatte. Nämlich genau die Arbeit, aus der ich inzwischen die meiste Freude und damit auch die meiste Energie zog. Ich habe dazu mal einen schönen Spruch gelesen: »Was du lieb hast, lass gehen, wenn es deins war, kommt es wieder!« Also zog ich die logische Konsequenz: Ich kündigte bei Cosmo und machte mich mit ASGODOM LIVE selbstständig. Die beste Entscheidung meines Lebens! Und mein Energieakku ist wieder rappelvoll.

>**»Was du lieb hast, lass gehen,
wenn es deins war, kommt es
wieder!«**

11

SEI OFFEN FÜR VERÄNDERUNGEN!

Klammern, halten, nachtrauern gilt im Job nicht! Panta rhei – alles fließt, wussten die griechischen Philosophen. Auch wenn Sie sich gerade noch so schön eingerichtet haben, in Ihrer Abteilung, mit Ihren Kolleg/innen, Ihrer Topfpflanze – wenn Sie morgen dabei sein wollen, sollten Sie offen für Veränderungen sein:

- Ihre Abteilung wird aufgelöst, Sie werden einem anderen Team zugewiesen? Das wird in Zukunft eher normal sein. Projekte bestimmen die Arbeitsabläufe von morgen, Teams werden zusammengestellt und gehen – nach getaner Arbeit – wieder auseinander.
- Ihr Chef/Ihre Chefin ist eines Morgens verschwunden? Ein/e Fremde/r sitzt auf dem Platz? Keine Angst, Sie sind nicht in einem Film à la »Liebling, ich habe den Chef geschrumpft«, sondern Sie erleben hautnah die Hire-and-Fire-Mentalität von morgen.
- Sie werden in die Personalabteilung gebeten, und man schlägt Ihnen vor, sich mit Ihrer Abteilung selbstständig zu machen und zukünftig als »Subunternehmer/in« die Dinge zu erledigen, die Sie bis jetzt als Angestellte/r erledigt haben.
- Bisher waren Sie für einen bestimmten Kundenkreis zuständig und kennen sich da super gut aus? Morgen kann die Aufforderung kommen, diesen abzugeben, eine ganz neue Aufgabe zu übernehmen, in einem Job, von dem Sie nie geträumt haben.

Wenn wir uns auf diese Veränderungen nicht einstellen, werden sie uns einfach wegfegen.

Die Schweizer Unternehmensberaterin Dr. Monique Siegl prophezeit: »Ob es uns gefällt oder nicht, die Arbeitswelt wird sich so rasant verändern, wie wir es uns nicht einmal erträumen können. Wenn wir uns auf diese Veränderungen nicht einstellen, werden sie uns einfach wegfegen!«

Es macht also Sinn, auf alles gefasst zu sein, blitzschnell zu reagieren und Chancen zu ergreifen. Denn es liegt nicht in der Entscheidung des Einzelnen, wie es mit der Zukunft der Arbeit weitergeht, ob es uns gefällt, was da mit uns geschieht, oder nicht. Die Wirtschaft verändert sich weltweit, Globalisierung ist nur ein Stichwort.

Experten prophezeien bereits die »Brasilianisierung« der Arbeit in Deutschland, wie es der Soziologe und Kanzlerberater Ulrich Beck vor kurzem in einem *STERN*-Interview bezeichnet hat.[19] Das bedeutet: In Brasilien sind nur die wenigsten Menschen in Vollzeit angestellt. Die meisten sind Händler, Handwerker, Kleinunternehmer, Dienstboten. Viele pendeln als »Arbeitsnomaden« zwischen verschiedenen Tätigkeiten. Beck: »Nie wa-

Experten prophezeien die »Brasilianisierung« der Arbeit in Deutschland.

ren die Arbeitenden verletzlicher. Jüngere und gut Ausgebildete begreifen die Veränderung und können damit umgehen. Frauen kommen besser damit zurecht. Sie sind auf die Vielfalt von Arbeitsformen sozialisiert, zwischen Erwerbs- und Familienarbeit.«

Also Schluss mit den Laufbahn-Karrieren, in denen man sich hochdienen konnte, Schluss mit den Erfolgsphantasien des Azubis bei der Bank, der sich ausrechnen konnte, wann er eine Filialleitung übernehmen würde. In Zukunft wird alles anders sein.

Was zugegebenermaßen erschrecken kann, ist auf der anderen Seite eine Riesenchance: In Zukunft wird es mehr darauf ankommen, was jemand kann, als auf das, was er/sie gelernt hat. Das heißt: Talente können gelebt, Stärken ausgespielt werden. Ein abgeschlossenes Studium wird nicht mehr die einzige Voraussetzung sein, um in Führungspositionen zu gelangen. Die Gründer und Geschäftsführer der unzähligen Start-up-Firmen sind selten über 30 und selten Akademiker mit Auszeichnung.

»Leistung muss sich wieder lohnen.« Dieser alte Wahl-Spruch erlebt eine ganz neue Bedeutung. Gerade junge Menschen sind bereit, für eine Idee, ein Konzept, ein gemeinsames Unternehmen richtig reinzuklotzen. »Der Lebenssinn wird zu Beginn des 21. Jahrhunderts von der jungen Generation neu definiert«, so Professor Dr. Horst W. Opaschowski, Leiter des BAT-Forschungsinstituts. »Leben ist die Lust zu schaffen.« Zwei von fünf Befragten unter 30 möchten »in der Arbeit etwas tun und leisten, was Sinn hat und Spaß macht«.

»Do it!« betitelte vor kurzem die Frauenzeitschrift *Elle* ein Dossier über das neue Lebensgefühl. Bei den »Magic People« zeige sich plötzlich Powerbewusstsein. »Eine neue Begeisterung erobert die Welt«, wird die derzeit erfolgreichste amerikanische Zukunftsforscherin Dee Dee Gordon zitiert, sie ist gerade mal 29. »Falsch ist, sich zu fürchten. Heute wird einem das Leben wirklich leicht gemacht. Experimentiere einfach! Nichts ist richtig, und nichts ist falsch – jedenfalls nicht in klar definierbaren Schubladen.«

Einer der Mode-Popstars dieser Welt assistiert ihr dabei: »Sei nicht jemand, der du nicht bist«, propagiert Tom Ford, junger wilder und erfolgreicher Design-Direktor der Nobelmarke Gucci. Da kann uns Übriggebliebenen aus dem letzten Jahrtausend ganz schön Angst und Bange werden, oder? Muss es nicht. Im Gegenteil, diese Aufbruchstimmung, dieses Gefühl, das kann doch noch nicht alles gewesen sein, schwappt inzwischen – so meine Beobachtung – auch auf die Mittvierziger über (ja sogar

---

Die wichtigsten Grundregeln
für Veränderungsprozesse

- Veränderungen kommen, ob ich sie mag oder nicht!
- Ich bin verantwortlich für mein Leben – das heißt, ich muss handeln!
- Der Gang durch die Frustration gehört zum Veränderungsprozess.
- Ich kann mir das passende Handwerkszeug aneignen!
- Ich kann andere um Hilfe bitten!
- Ich kann mir Vorbilder suchen!
- Ich muss bei allem nicht perfekt sein!

---

auf jung gebliebene Senioren). Ich erlebe jedenfalls kein Seminar, keine Vortragsveranstaltung, in denen nicht mindestens die Hälfte der Teilnehmer/innen über einen neuen Job oder den Schritt in die Selbstständigkeit nachdenkt. Mir scheint, als hätten viele Menschen, auch in unserem ach so traditionellen Deutschland, plötzlich Mutpillen geschluckt, die es ihnen besser ermöglichen, mit den Veränderungen tatsächlich fertig zu werden.

»Tempora mutantur et nos mutamur in illis«, sagt der Lateiner und meint: Die Zeiten ändern sich und wir ändern uns mit ihnen. Nicht ohne Grund bewirbt Sony seine neue Playstation mit dem Slogan »When you love, what you do, you are alive«. Diesen Spruch sollten wir in zehn Zentimeter hohen Lettern an die Wand hängen: »Wenn du liebst, was du machst, bist du lebendig!«

Mein persönliches Erfolgsgeheimnis

Ich stehe von Natur aus Veränderungen eher konservativ gegenüber, bin erst einmal skeptisch, wenn sich etwas ändert, da ich nicht davon überzeugt bin, dass es sich stets zum Besseren entwickelt. Ich hänge an Überzeugungen, die nicht immer modern sind. »Treue« zum Beispiel oder »Ehrlichkeit«. Ich finde es zum Beispiel überhaupt nicht »cool«, die Versicherung oder das Finanzamt zu betrügen. Ich bin nie Moden nachgerannt und habe auch noch nie aus Trendgründen meine Wohnung ummöbliert.

Und irgendwann bin ich im Zuge meiner Selbstfindung zu der Überzeugung gekommen, dass ich keineswegs spießig bin, sondern im Gegenteil, ich bin die »Spießer-Avantgarde« – sprich, ich lebe einfach so, wie ich es für richtig und schön halte. Und freue mich, wenn mein Stil alle fünf bis sieben Jahre Mode wird.

Ich fühlte mich früher durchaus getroffen, wenn spitze Journalistenfedern im »Spiegel« oder in der »Süddeutschen« über die »Gutmenschen« lästerten, die sich tatsächlich noch Gedanken über die Zukunft machten, anstatt zu nehmen, was kommt. Heute habe ich Mitleid mit diesen Zynikern. Ich habe eine Vision, wie diese Welt besser werden könnte, und habe mich immer gesellschaftspolitisch und sozial engagiert.

Je sicherer ich in meinem Geschmack, meinem Stil, meinen Grundfesten, also in dem, was ich für richtig oder falsch halte, geworden bin, umso offener wurde ich aber auch äußeren Veränderungen gegenüber. Da ich weiß, wer ich bin, habe ich auch das Vertrauen, dass ich in jeder Welt meinen Platz finden werde. Ich habe keine Bange mehr vor Veränderungen, weil ich der Überzeugung bin, dass mir nur passieren kann, was passieren soll. Das bedeutet keinen Fatalismus, aber ein grenzenloses Vertrauen in mein Leben. Dazu habe ich vor kurzem einen schönen Spruch gehört: »Wenn der Wind des Wandels weht, kann man Mauern oder Windmühlen bauen.« Und es stimmt, es macht oft mehr Sinn, den Schwung des Neuen zu nutzen, statt sich dagegenzustemmen.

Ich bin Anzeichen von Veränderungen gegenüber wacher geworden, weil ich weiß, sie lassen sich nicht dadurch verhindern, indem man sie ignoriert. Mit der Erkenntnis, dass es äußere Sicherheit in Arbeitsplätzen, in Unternehmen nicht (mehr) gibt, ist das Bewusstsein gewachsen, dass ich Sicherheit nur in mir finden kann. Wenn ich weiß, wer ich bin und was ich kann, werde ich auch eine Arbeit finden, in der meine Fähigkeiten benötigt werden.

Zu dieser Sicherheit gehört auch der Mut, meinen Mund aufzumachen und zu sagen (oder zu schreiben), was ich denke. Ich glaube nämlich nicht, dass es nur darauf ankommt, wie es mir als Individuum geht nach dem Motto »Ich bin gut drauf, juchhu«, sondern dass ich ein Teil der Weltgemeinschaft bin. Dazu gehört auch, Zivilcourage zu zeigen, wenn mir Entwicklungen nicht gefallen (der wachsende Rassismus etwa). Offen zu sein heißt nicht, blind allem hinterherzulaufen. Es heißt, in der Zustimmung und in der Ablehnung, Veränderungen wahrzunehmen und meinen Platz darin zu finden. Wolf Biermann hat das vor vielen Jahren schon sehr schön formuliert: »Nur wer sich ändert, bleibt sich treu.«

Zum Thema Veränderung habe ich in der »Süddeutschen Zeitung« eine witzige Meldung gelesen. Zum wiederholten Male wurden jetzt für England neue Telefonvorwahlnummern festgelegt. Der Korrespondent aus London schreibt dazu: »In Deutschland wären die Unternehmen, die neues Briefpapier drucken, die Wählautomaten umprogrammieren und Lieferwagen neu beschriften müssen, Sturm gelaufen gegen die Aktion ›big number‹. Die britische Wirtschaft beließ es bei einem milden Tadel. Die Engländer können dem Chaos sogar noch eine gute Seite abgewinnen: ›Es ist eine gute Gelegenheit, mit verlorenen Kunden wieder ins Gespräch zu kommen.‹«[20]

Mit der Erkenntnis, dass es äußere Sicherheit in Unternehmen nicht (mehr) gibt, ist das Bewusstsein gewachsen, dass Sie Sicherheit nur im eigenen Inneren finden können.

12

GEH SURFEN!

Finden Sie Computer doof und das Internet einen riesigen Irrtum, der unser aller Leben zerstört? Können Sie sich nicht vorstellen, 50 Prozent Ihrer beruflichen Kontakte übers Netz laufen zu lassen? Und haben Sie auch noch nie Moorhühner virtuell abgeschossen? Dann werden Sie in Ihrem Job zukünftig ein Problem haben.

Der Engländer Pat Dixon ist einer der profiliertesten Zukunftsforscher der Welt. Er berät Weltunternehmen bei Entscheidungen bezüglich Globalisierung und Virtualisierung im Internetgeschäft. Vor einiger Zeit nahm ich an einem seiner Seminare in Zürich teil, Thema: die wichtigsten Entscheidungs-Bausteine für die Zukunft.

Als Erstes schockierte er die Teilnehmer, etwa 90 Herren aus Geschäftsführung und Vorstand großer Unternehmen und außer mir vielleicht noch vier andere Frauen, mit der Frage, wie schnell sie am Computer schreiben könnten. Die meisten der anwesenden Herren, im Schnitt um die 50 und aus allen Branchen, mussten ihr Unvermögen eingestehen, überhaupt zügig auf einer Tastatur schreiben zu können und wenn überhaupt, dann nur nach dem Ein-Finger-Suchprinzip. Ich war als Journalistin mit meiner Fingerfertigkeit einsame Spitze (ich bin meinem Vater heute dankbar, dass er mich während meiner Schulzeit auf seiner alten Olympia Blindschreiben üben ließ).

Den Herren beschied Pat Dixon gnadenlos: »Sie werden in Zukunft keine Manager mehr sein können.« Hoppla, man hörte ein kollektives Schlucken. »Denn, wie bitte wollen Sie es schaffen, die mindestens achtzig bis hundert E-Mails zu beantworten, die Sie täglich in Ihrem PC vorfinden werden, wenn Sie nicht schnell schreiben können?« In den Köpfen der Herren sah man es arbeiten: Die einen rechneten sich aus, wie sie die Zeit bis zur Rente noch durchstehen könnten, andere grübelten über die Fähigkeiten ihrer Sekretärin nach, ihnen dabei zu helfen, der Flut Herr zu werden. Und wiederum anderen war der Zweifel ins Gesicht geschrieben: Was erzählt uns dieser Engländer da? Ich habe überhaupt keinen PC. Und bin stolz darauf!

**Die Zukunft liegt im Internet.
Und wer auf der Erfolgsseite dabei sein
will, muss sich dieses Netz zur
Heimat machen.**

Doch dieser Engländer hat Recht: Die Zukunft liegt im Internet. Und wer auf der Erfolgsseite dabei sein will, muss sich dieses Netz zur Heimat machen. Egal, ob als Topmanager/in oder als Berufseinsteiger/in. Und gerade als Anfänger. Inzwischen läuft ein Großteil von Stellenangeboten und Bewerbungen übers Netz. Hunderte von Jobadressen bieten Hunderttausende von freien Stellen, weltweit. Die meisten bekannten Unternehmen schreiben inzwischen auf ihren Homepages freie Positionen aus. Bewerben kann man sich direkt, virtuell. Kein Stück Papier, keine Mappe flattert da mehr hin und her. Hier passiert schon eine erste Auslese: Welche der Bewerber/innen ist Netzbewohner? Wer kennt die neuen Spielregeln?

Übers Internet bestellen manche Firmen inzwischen ihren gesamten Bedarf, vom Radiergummi bis zum Tieflader. Angebote und Auftragsbestätigungen werden virtuell geschickt, Rechnungen bezahlt und Kredite beantragt. Die Unternehmenskommunikation läuft übers Intranet, und manchmal gleich, weil weltweit, nur noch in Englisch. Ja, wirklich: Da mailt in Bergisch-Gladbach Kollegin A dem Kollegen B auf dem gleichen Flur eine Nachricht in Englisch übers Internet, per Satellit womöglich.

Krankenhäuser werden vernetzt, in jedem Stationszimmer steht ein PC, Patienten werden per Intranet zur Untersuchung bestellt, der Fahrdienst bekommt über den Computer die Listen, welche Patienten wann wohin zu transportieren sind. Operationen werden übers Internet beobachtet, kommentiert oder gar geleitet.

In Kindergärten und Schulen stehen PCs, aber nicht nur für die Kiddies zum Lernen. Nein, auch die Lehrer und Erzieherinnen selbst müssen sich an den Geräten fit machen. Denn Dienstpläne oder Vertretungspläne werden selbstverständlich am Computer erstellt. Unterrichtsmaterial wird auf dem PC geschrieben und ausgedruckt.

Blumengeschäfte gehen online, virtuelle Flowerpower. Ich habe meiner Mutter, die in Spanien lebt, mal zum Geburtstag einen Blumenstrauß über einen kanadischen Blumenhändler geschickt. Gezahlt habe ich in US-Dollar. Kein billiges Vergnügen, aber mir hat es tierisch Spaß gemacht, den Strauß auf der Homepage auszusuchen. Und meine Mutter sagt, es war der schönste Strauß,

Test: Sind Sie fit für die Zukunft?

Anhand dieser zwölf Fragen können Sie checken, ob Sie fit genug für die Arbeitswelt der Zukunft sein werden. Kreuzen Sie jeweils an, ob die Aussage für Sie stimmt oder nicht:

- Sie können sich vorstellen, abwechselnd 14 Stunden am Tag oder mal Teilzeit, mal fest angestellt oder freiberuflich zu arbeiten.   ◯ Ja ◯ Nein

- Sie können sich schnell auf neue Auftraggeber und neue Kolleg/innen einstellen.   ◯ Ja ◯ Nein

- Sie können sich vorstellen, Ihr eigenes Unternehmen zu führen und sich gut und diszipliniert zu organisieren.   ◯ Ja ◯ Nein

- Sie arbeiten im Bereich »Wissens-Management« oder in der Dienstleistungsbranche.   ◯ Ja ◯ Nein

- Sie können sich vorstellen, in Zukunft in mindestens einem anderen als Ihrem erlernten Beruf zu arbeiten.   ◯ Ja ◯ Nein

- Sie haben einen leistungsstarken Computer zu Hause und beherrschen die gängigen Computerprogramme.   ◯ Ja ◯ Nein

- Sie schreiben auf der Computertastatur
  schneller als 150 Anschläge pro Minute.　◯ Ja　◯ Nein

- Sie sind im Internet zu Hause, nutzen
  bereits Homebanking, E-Mails, Online-
  Recherche oder virtuelles Shopping.　◯ Ja　◯ Nein

- Sie sind bereit, Ihr Leben lang dazu-
  zulernen.　◯ Ja　◯ Nein

- Sie sind bereit, für neue Projekte oder
  neue Jobs in eine andere Stadt oder gar
  in ein anderes Land umzuziehen.　◯ Ja　◯ Nein

- Sie können sich schnell auf neue
  Situationen einstellen.　◯ Ja　◯ Nein

- Sie beherrschen mindestens Englisch,
  besser zwei Fremdsprachen.　◯ Ja　◯ Nein

Auflösung:

- *12 bis 9 Ja-Antworten:* Willkommen. Sie sind die Frau/der
  Mann der Zukunft! Ihnen stehen alle Türen offen.

- *8 bis 5 Ja-Antworten:* Sie sind auf dem richtigen Weg. Sie
  sollten an den fehlenden Fähigkeiten arbeiten.

- *4 bis 0 Ja-Antworten:* Ihnen bleibt die Hoffnung, dass sich
  die Zukunftsforscher irren. Und: Nischenjobs für Ein-
  zelne wird es immer geben!

den sie jemals bekommen hat, auf die Minute pünktlich, so, wie ich es geordert hatte.

Heilpraktiker bieten im Netz ihre Dienste an und Psychologen. Eheberater raten virtuell und Feng-Shui-Beraterinnen schicken gute Energie. Stephen King verkauft per Internet sogar seinen neuen Roman, weil genügend US-Bürger ihm jeweils einen Dollar geschickt haben, insgesamt über 135 000 Dollar, wie ich der Presse entnommen habe.

Sie sehen, egal, in welchem Beruf, in welcher Branche Sie arbeiten (möchten), Sie kommen an dem neuen Medium fast nicht vorbei (wie schön ist es, sich vorzustellen, als einsame Sennerin auf der Alm ab und zu mit Freunden chatten zu können!).

Eine Karriere ohne eine positive Einstellung zu diesem Kommunikationsmedium ist in Zukunft unvorstellbar.

In einer Studie über die Unternehmen des 21. Jahrhunderts entwarfen Wissenschaftler und Studenten des Massachusetts Institute of Technology (MIT) im amerikanischen Cambridge ein Szenario der Arbeitswelt im Jahr 2015.[21] Danach entwickeln sich überall »Netzwerke« von kleinen Firmen und Teams, die sich für einige Zeit zu einem gemeinsamen Projekt zusammenschließen, virtuell vernetzt natürlich.

Eine Karriere ohne eine positive Einstellung zu diesem Kommunikationsmedium ist in Zukunft unvorstellbar. Im Gegenteil:

Wenn Sie jetzt powern und zum Internetexperten werden, stehen Ihnen morgen alle Türen offen. Was können Sie dafür tun: Machen Sie sich sachkundig, besuchen Sie Kurse, lesen Sie alles übers Internet und über E-Commerce, was Ihnen in die Finger kommt. Tun Sie's einfach, gehen Sie ins Netz, probieren Sie es aus, nach Themen zu suchen, die Sie interessieren, sich mit den Leuten zu vernetzen, mit denen Sie sich austauschen wollen. Sie werden merken, je mehr Sie wissen und können, umso faszinierender wird das Thema.

Deutschland gilt übrigens immer noch als Internet-Entwicklungsland: Nur neun Prozent der Deutschen sind regelmäßig im Netz, sogar in Island sind es schon 45 Prozent!

Wenn Sie zu den Pionieren gehören und schon »drin« sind, vielleicht bummeln Sie bereits durch Ihre berufliche Zukunft. Achten Sie mal darauf: Was fehlt im Netzangebot? Welche Nischen gibt es noch zu besetzen? Welchen Nutzwert könnte man noch bieten? Sehen Sie sich vielleicht selbst als Unternehmerin im Netz? Genauso haben die meisten Wahnsinns-Unternehmens-Karrieren von den Jungunternehmern begonnen, die jetzt mit ihren Internetfirmen an der Börse Millionen machen.

Mein persönliches Erfolgsgeheimnis

Ich habe mich beim Thema Computer von der »Saula zur Paula« gewandelt. Meine Hassliebe habe ich einmal in einer Kurzgeschichte (leicht verfremdet) zusammengefasst (siehe Seite 117). Die Liebe zum Internet war dagegen sofort entflammt. Welch eine grandiose Mög-

lichkeit! Als Redakteurin recherchierte ich von Anfang an im Netz, korrespondierte mit meinen Autorinnen in den USA, schickte Mails und merkte, das ist mein Medium.

Mit ASGODOM LIVE ging ich sofort ans Netz und ließ mir eine Homepage erstellen (www.asgodom.de). Ich habe übrigens gelernt, ich muss nicht alles selbst können. Statt mühsam Programmiersprachen zu lernen, habe ich jemanden gefunden, der mir die Seiten professionell, aber preiswert baut. Eine Mitarbeiterin betreut den Inhalt, ich schreibe selbst nur ein regelmäßiges Tagebuch für »clients and friends«. Am wichtigsten, das haben wir inzwischen herausgefunden, ist die stetige Veränderung der Inhalte. Es muss was passieren auf den Seiten, dann bekommt man auch »traffic«, also erreicht, dass Leute immer wieder vorbeischauen, was es Neues gibt, und dabei auf unsere aktuellen Angebote stoßen.

Inzwischen kommen mindestens ein Viertel aller Anfragen entweder per E-Mail oder über den Kontakt-Button auf der Homepage. Viele Kund/innen und Interessent/innen schauen regelmäßig rein und reagieren lebhaft auf die angebotenen Seminare oder Vortragsthemen. Unter dem Button »Presse« biete ich Fotos von mir zum Herunterladen, dadurch entfällt der aufwendige Versand für Prospekte oder Artikel.

Für mich ist das Internet einfach grandios. Es ist ein wirksames Hilfsmittel in diesen schnellen Zeiten, auch wenn es einen selbst dazu zwingt, schnell zu reagieren. Ich liebe die Möglichkeit, in Sekundenschnelle mit Leuten zu kommunizieren, die weit weg sind, Manuskripte hin- und herzuschicken und gemeinsam zu bearbeiten, Feedback für Vorschläge und Ideen nach wenigen Minuten zu bekommen.

Ich bin eine schlechte Briefeschreiberin, aber seit viele Verwandte ebenfalls vernetzt sind, hören wir mehr voneinander als je zuvor. »Fa-

mily on air« sozusagen. Meine Kinder gehören schon ganz selbstverständlich der »Net Generation« an. Sie laden sich Infos für Referate aus dem Netz, haben Chatfreunde in aller Welt und benutzen den elektronischen Briefkasten so selbstverständlich wie ich den gelben Postkasten um die Ecke in meiner Jugend. Mein Mann hört dank Internet Radionachrichten aus seiner Heimat in seiner Sprache, bekommt von Nachrichtenagenturen News über Eritrea aktuell geliefert und kommuniziert mit Verwandten per E-Mail.

> **Die neuen Kommunikations-**
> **medien sind auch eine Möglichkeit,**
> **Menschen miteinander zu verbinden und**
> **die Welt zusammenrücken zu lassen.**

Viele Kritiker prophezeien immer wieder, das Internet werde Menschen vereinsamen lassen, vielleicht gilt das für Leute, die sowieso Einzelgänger sind. Ich freue mich über die Möglichkeit, Menschen miteinander zu verbinden und die Welt zusammenrücken zu lassen. Wir müssen dabei nur aufpassen, dass möglichst viele diese Reise mitmachen können.

Kurzgeschichte: Der Alte muss weg!

»Warum antwortest du nicht, du Miststück?« Marion schrie so laut, dass Dr. Mabuse, der schwarze Kater, erschrocken von der Couch sprang. »ich hasse dich, ich hasse dich!« Außer sich vor Zorn, trommelte Marion mit den Fäusten auf ihrem Keyboard herum. Dieser elende Schuft ließ sie wieder einmal im Stich, gerade heute, wo sie ihn so dringend gebraucht hätte. Sie musste weg, bevor etwas Schlimmeres geschah. Wuchtig schob sie ihren Stuhl zurück, schnappte sich ihre Handtasche und stürmte aus der Wohnung. Sie würde ihm schon zeigen, dass sie sich das nicht gefallen ließ. Pah, es gab schließlich noch andere. Er würde schon sehen, wozu er sie trieb. Eigentlich war es von Anfang an eine Hassliebe gewesen, wie hatte sie sich gesträubt, etwas mit ihm anzufangen. Im Augenblick regierte nur der Hass, nichts Liebenswertes konnte sie mehr an ihm finden, nichts. Ach, wäre sie ihm doch nie begegnet! »Elender Versager«, zischte sie, als sie die Treppe hinunterraste. Der nette ältere Herr aus dem zweiten Stock, der gerade den Biomüll in die braune Tonne vor der Haustür warf, schaute ihr verwundert nach, als sie grußlos an ihm vorüberstürmte.

Marion bebte immer noch vor Wut, als sie kurz darauf das kleine Café betrat, in dem sie immer Zuflucht suchte, wenn sie nicht weiterwusste. Zielstrebig steuerte sie auf ihren Lieblingstisch los. »Jutta, einen Ginfizz, bitte«, rief sie der Kellnerin zu, bevor sie sich atemlos auf einen der altmodischen orangefarbenen Cocktailsessel fallen ließ.

Sie erinnerte sich daran, wie sie »ihn« einst als junge Frau bekämpft hatte. Er war Feind Nummer eins ihrer Gewerkschaft gewesen, und zusammen mit den Kollegen hatte sie mit roten Bannern vor dem Firmentor gestanden, um gegen ihn zu protestieren. Er stand damals für alles Schlimme, das sie sich an Gewerkschaftsabenden in verräucherten Kneipenhinterzimmern ausgemalt hatten: Er stand für Arbeitsplatzabbau, Überwachung,

Überforderung. Die apokalyptischsten Szenarien hatten sie sich ausgemalt, wie er ihre Welt verändern würde. Und verzweifelt hatten sie versucht, das zu verhindern.

Doch alle Demonstrationen in Kälte und Regen, damals im Jahr 1976, waren umsonst gewesen, er war einfach stärker. Er übernahm die Herrschaft in dem Unternehmen, in dem sie damals als junge Journalistin arbeitete. Und unaufhaltsam veränderte er aller Leben.

Sie selbst hatte am Anfang versucht, sich ihm möglichst fern zu halten. Immer wieder hatte sie sich und anderen bestätigt, dass sie nichts mit ihm zu tun haben wollte, auch wenn die Sogwirkung immer stärker wurde. Aber nicht mit ihr, sie legte schließlich Wert auf ihre Freiheit und fiel auf schmeichelnde Worte nicht herein. Insgeheim hatte sie damals schon gewusst, dass er ihr Leben völlig durcheinander wirbeln würde, dass nichts mehr so sein würde wie vorher, und sie hatte Angst vor seiner Macht gespürt. O ja, sie war anfällig für Typen wie ihn.

Jahrelang hatte sie dem Drang widerstanden, sich ihm hinzugeben, ihn zu berühren, ihn ein Teil ihres Lebens werden zu lassen. Alle Werbung konnte an ihrem Entschluss nichts ändern: Ihr Leben wäre schöner ohne ihn. Davon war sie überzeugt. Und doch, fast unmerklich, war sie ihm irgendwann verfallen. Das, was wir am heißesten begehren, fürchten wir eben auch oft am allermeisten.

Es hatte mit einer harmlosen Liaison am Arbeitsplatz begonnen. Sie arbeitete damals als Redakteurin bei einer Erziehungszeitschrift, und plötzlich hatte er dagestanden. Fast unmerklich hatte er sich erst in ihr Büro und dann in ihr Leben eingeschlichen. Heute noch wunderte sie sich, wie er es geschafft hatte, ihre Abwehr zu brechen.

Gegen ihren Willen hatte sich ihre wütende Abneigung erst in vorsichtige Neugier und dann in Begehren verwandelt. Immer vertrauter wurde er ihr. Bald freute sie sich schon morgens auf sein Blinkern, seine freundliche Begrüßung. Schon nach kurzer Zeit vertraute sie ihm ihre geheimsten Wünsche und Gedanken an. Stellte sich ganz und gar auf ihn ein.

Nach zwei herrlichen Jahren hatte sie einen anderen, besser bezahlten Job angeboten bekommen und tränenreich Abschied von ihm genommen, weil sie ihn ja schlecht ins neue Büro mitnehmen konnte. Die Entzugserscheinungen waren fürchterlich. Oh, wie sie ihn vermisst hatte!

Doch endlich fand sie die Möglichkeit, ihn in ihre Wohnung einzuladen. Räumte ihre eigenen Sachen etwas zur Seite und machte ihn zum Mittelpunkt ihres Lebens.

»Ich muss verrückt gewesen sein«, jammerte sie jetzt in Erinnerung an ihre gemeinsamen Jahre. »Wie kann man sich nur so abhängig machen?« Und der Dank? Da saß sie jetzt in diesem schäbigen Café und betrank sich. Wegen so einem Lumpen! Hätte sie es nicht von Anfang an wissen können? Herrisch war er immer schon gewesen, und gefühllos. Und gemein. Marion schniefte.

Aber das Schicksal hatte seinen Lauf genommen. Nachdem er einmal über ihre Schwelle gekommen war, nahm er den wichtigsten Platz in ihrem Leben ein. Nie mehr wollte sie ohne ihn sein, er verknüpfte ihre Seelen. »Wenn er denn überhaupt eine hatte!«, dachte sie jetzt böse. Immer musste es nach seiner Nase

gehen. Rücksicht, Einfühlungsvermögen, Verzeihen – Fremdwörter für ihn.

Marion fluchte wie ein Droschkenkutscher: »Der Alte muss
weg. Und zwar schnell. Ich habe die Schnauze voll.« Die Kellnerin sah fragend herüber. Marion bestellte noch einen Ginfizz.
Ach, war doch alles egal, ihre Arbeit würde sie heute eh nicht
mehr fertig bringen. Der Alkohol dämpfte ihre Wut, ihr rasendes
Herz kam langsam wieder in den gewohnten Takt, ihr Atem be-
ruhigte sich.

Doch stattdessen wurde sie jetzt sentimental. Schmerzlich
wurde ihr bewusst, wie abhängig sie von ihm war, wie sehr sie
ihn brauchte. Vor allem, seit sie sich selbständig gemacht hatte,
von zu Hause aus arbeitete und Tag und Nacht mit ihm zusammen war. Keinen Artikel, keine Kurzgeschichte konnte sie schreiben ohne ihn. Allein war sie verloren, das wurde ihr schmerzlich
bewusst. Ohne Zweifel, ihre Kreativität verließ sie, war er nicht
bereit für sie; ihre ganze Planung fiel wie ein Kartenhaus in sich
zusammen. Sie stützte verzweifelt den Kopf in die Hände.

Er hatte ihr Leben völlig in Beschlag genommen. Und sie verändert. Das stand fest. In letzter Zeit hatte sie sich sogar angewöhnt, fast nur noch mit ihm zusammen zu spielen, Freunde zu
treffen oder an politischen Diskussionen teilzunehmen. Melan-
cholisch erinnerte sie sich an die Backgammonturniere, bei denen
sie ihr Auge nicht von ihm lassen konnte, an Adventurespiele, bei
denen er sie durch dichten Urwald und öde Wüsten begleitet hatte. Wie viel Spaß hatten sie miteinander gehabt! Und das sollte alles vorbei sein? Ihre Entschlossenheit geriet ins Wanken.

Ihr wurde ganz heiß, als sie sich an sein Liebesgeflüster erinnerte, an diese totale Offenheit, die sie nie zuvor erlebt hatte. Nächtelang war sie gefesselt von ihm gewesen, hatte die Finger nicht von ihm lassen können. Welche Lust hatte er ihr verschafft! Ihre Erziehung, ihre Ängste, ihre ganze Verklemmtheit waren von ihr abgefallen, wenn sein Widerstand ihre Fingerspitzen kribbeln ließ.

Das war einmal. In letzter Zeit war er ziemlich langsam geworden, kraftlos, kam oft nicht und stürzte sogar immer häufiger ab. Was war nur los mit ihm? Ob es an ihr lag? »Ach, Quatsch«, grunzte sie, »er langweilt mich. Auf den Schrott mit ihm.«

Es war vorbei, endgültig. Nie wieder würde sie ihn anmachen, sich nie wieder von ihm einlullen lassen. Schluss, aus. »Wer kann mir bloß dabei helfen, ihn loszuwerden?«, dachte sie. Marion blickte nachdenklich auf den jungen Mann am Nebentisch, der ein Buch las. Ob der vielleicht …? Sie hatten noch nie miteinander geredet, doch sie hatte ihn schon öfter hier gesehen, einmal seinen Namen gehört. Christoph war mindestens zehn Jahre jünger als sie und sah sehr gescheit aus.

»Na und?«, dachte Marion trotzig. »So ganz blöd bin ich mit meinen sechsundvierzig ja auch nicht.« Konnte er vielleicht – gegen Bezahlung natürlich – sie von ihrem Alten befreien? Sie hatte sich endgültig für diese Lösung entschieden. Aus, Schluss. Ade. Je schneller, desto besser.

Vielleicht konnte Christoph ihr dann auch beistehen, um einen Neuen zu finden, einen Jüngeren, einen Kräftigeren, der mehr konnte und mehr hermachte? Mit mehr Power, mehr Biss? Marion sah den Tischnachbarn so intensiv an, bis der unruhig auf seinem Stuhl hin und her rutschte. Er sah wirklich sehr nett aus. Und schöne, feingliedrige Hände hatte er. Künstlerhände. »Soll ich ihn ansprechen?«, dachte sie, »warum nicht? Mehr als nein sagen kann er nicht.« Sie schob ihren Stuhl zurück. »Möchten Sie noch was?« Die Kellnerin nahm das leere Glas. Marion zuckte zusammen, wie ertappt, und bestellte verwirrt noch einen Drink.

Als sie am Strohhalm zog und der süße Alkohol warm in ihren Magen rann, träumte sie von dem Neuen. Sie fühlte ihre Hände über seine empfindlichsten Stellen streichen, freute sich an seinem Anblick, seinen Formen, seinem viel versprechenden Innenleben. Ja, sie würde wieder mehr Spaß haben und weniger Frust. Würde ganze neue Sachen ausprobieren. Experimentieren. Ein ganz neues Programm starten. Koste es, was es wolle. Etwas Geld hatte sie in all den Jahren auf die Seite gelegt.

Marion wurde schwindelig vor Vorfreude. Jetzt oder nie, dachte sie, stand auf, strich ihre Haare nach hinten, nahm ihren Drink, sodass die Eiswürfel klirrten, und ging schwungvoll hinüber. »Hallo«, gurrte sie mit schwerer Zunge, »darf ich?« Ehe Christoph antworten konnte, ließ sie sich neben ihm auf einen Stuhl fallen. Verwirrt klappte er sein Buch zu. »Computerbuch für Dummis« las sie und brach in wirres Gelächter aus: »Hey, du verstehst wirklich was davon!« Seine Verwirrung wuchs. Marion versuchte, ernst zu werden: »Mein Alter macht's nicht mehr. Ich glaube, der ist hin. Meinst du, du könntest ihn dir morgen mal anschauen?«

Christoph schaute sie an, als wäre sie nicht ganz dicht. »Na, mein Computer ist hin!« Marion grinste etwas schief. »Ich brauche dringend einen neuen!«

13

LASS DICH COACHEN!

Als ich mit 25 gefragt wurde, ob ich Rathausreporterin bei der Zeitung werden möchte, bei der ich damals arbeitete, antwortete ich mit Kleinmädchenstimme: »Ich glaube, das kann ich nicht.« Dabei hatte ich es gerade ein Jahr lang kommissarisch getan. Und ich hoffte, dass mein Chef mir gut zureden würde: »Doch, Fräulein Kynast, das können Sie, das haben Sie doch schon bewiesen.« Das tat er leider nicht. Er sagte nur: »Schade«, und stellte einen Mann ein. Ich wurde stellvertretende Rathausreporterin – kein Ruhm, kein Geld, aber viel Arbeit. Blöd gelaufen.

Was lernen wir daraus? Denk erst nach, was du sagst, wenn du ein überraschendes Angebot bekommst, statt dich gleich um Kopf und Kragen zu reden.

1. Sage niemals: »Ich weiß nicht, ob ich das schaffe.« Ehrlichkeit in Ehren, sehr sympathisch, aber hier ist sie fehl am Platz.
2. Der Schlüsselsatz heißt: »Vielen Dank für das Angebot. Darüber möchte ich gern nachdenken.«
3. Rede dann so schnell wie möglich mit jemandem (nicht aus der Firma) über diese Chance.
4. Lass dir helfen, Klarheit zu erlangen, ob du den Job wirklich willst. In diesem Gespräch kannst du auch über deine Zweifel und Ängste reden.
5. Gehe dann mit einem Konzept zurück und stelle deine Forderungen.

Es ist völlig natürlich, dass jemand, dem ein Job angeboten wird, erst einmal zweifelt, ob er der Richtige für ihn ist (das gilt für beide Bezüge: der Job für den Menschen und der Mensch für den Job). Deshalb ist es auch sinnvoll, sich Zeit mit der Entscheidung zu lassen und sich mit jemandem zu besprechen. Wie es überhaupt sinnvoll ist, sich in wichtigen beruflichen Fragen beraten zu lassen. Und das nennt man heutzutage: Coaching. Inzwischen gibt es Tausende von Angeboten: Führungscoachings, Bewerbungscoachings, Existenzgründungs-Coachings, Charismacoachings …

> **Es sinnvoll ist, sich in
> wichtigen beruflichen Fragen
> beraten zu lassen. Das nennt man
> heutzutage: Coaching.**

Die Nachfrage entsteht aus der sich immer schneller verändernden Arbeitswelt. Da sind Entscheidungen zu treffen, Auftritte zu absolvieren, Durchsetzungsstrategien zu entwerfen, Menschen zu führen, Verkaufsgespräche zu meistern.

Und es setzt sich die Gewissheit durch: Ich kann und muss nicht alles allein können. Ich darf mir helfen oder, wie es heute heißt, mich coachen lassen. Und das tun auch immer mehr, längst nicht mehr nur Führungskräfte, die sonst niemanden mehr haben, mit denen sie über ihre Ängste oder Ziele sprechen können.

Mit welchen Fragen kommen Menschen zum Coaching? Einige Beispiele aus meiner Praxis:

- Ich bin Abteilungsleiter/in geworden, finde aber den richtigen Ton zu meinen Mitarbeitern nicht.
- Ich bin unglücklich in meinem Job, das kenne ich gar nicht von mir. Woran liegt das?
- Ich möchte nach oben und brauche eine Strategie.
- Ich habe Probleme mit einem Kollegen, der gegen mich intrigiert. Was soll ich tun?
- Ich möchte berühmt werden.
- Ich möchte gern ein Kind, weiß aber nicht, wie ich das mit meinem Job verbinden kann, den ich nicht verlieren will.
- Mein Chef traut mir nichts zu, ständig werde ich kontrolliert. Wie kann ich das ändern?
- Ich möchte mich als Spezialist selbstständig machen.

In den meisten Fällen geht es um Kommunikation oder Konflikte, um Aufstiegschancen oder Aussteigemöglichkeiten, um Berufs- oder Lebensplanung. In unserer schnelllebigen Zeit mit den zahllosen Chancen, die sie bietet, müssen wir so viele weit reichende Entscheidungen treffen, da macht es Sinn, diese mit einer neutralen Person zu diskutieren. Ich habe dabei immer wieder festgestellt: Die Lösung hat jeder Mann, jede Frau schon fertig im Hinterkopf, im Gespräch geht es nur darum, dass sie ihren eigenen Ideen auch vertrauen. Der Trend heißt »Von der Couch zum Coach!«, wie es *Psychologie heute*[22] vor kurzem schrieb. Es geht nicht mehr so sehr darum, Innenschau zu betreiben und alten Verletzungen auf die Spur zu kommen, sondern es heißt heute, mehr in die Zukunft zu blicken und pragmatische Lösungen zu finden. Also, vom Analysieren zum Agieren.

**Der Trend heißt »Von
der Couch zum Coach!«, vom
Analysieren zum Agieren.**

Wie finden Sie einen guten Coach? Die erste Möglichkeit: Sie haben ein Naturtalent in Ihrem Freundeskreis. Jemanden, der die
richtigen Fragen stellt, gut nachhaken kann, Strukturen entwickelt, einen scharfen Geist hat, ohne zu verletzen. Es sollte vor allem jemand sein, der selbst keine Karten im Spiel hat – also Ihnen nicht zu nahe steht und von den Auswirkungen Ihrer Entscheidung nicht betroffen ist.

Die zweite Möglichkeit: Sie wenden sich an jemanden aus Ihrem beruflichen Netzwerk, an jemanden, der Ihnen wohl gesonnen ist, frühere Kolleg/innen, Leute aus Ihrem Berufsverband, die
mit etwas Abstand wichtige Anregungen geben können. Wichtig:
Sie müssen dieser Person absolut vertrauen können, vor allem
dass sie nichts weitertratscht. Nichts wäre schlimmer als eine Bemerkung einem Dritten gegenüber wie »Ach, haben die sie jetzt
doch genommen? Wo sie doch selbst nicht geglaubt hat, dass sie
es schafft.«

Die dritte Möglichkeit: Sie gehen zu einem Profi. Adressen von
Coachs, die Beratung anbieten, bekommen Sie am besten durch
Empfehlungen aus dem Freundeskreis, über Netzwerke, bei Trainingsinstituten oder auch über Suchmaschinen im Internet.

Die Kosten für dieses professionelle Coaching sind sehr unterschiedlich, meist beginnen sie bei 75 Euro pro Stunde. Sie können, je nach Thema und Berühmtheit des Coachs, aber auch bis zu 500 Euro pro Stunde gehen. Sie sollten sich überlegen, ob sich die Investition für Sie lohnt. Werden Sie hinterher mehr verdienen, mehr Kunden, mehr Umsatz, mehr Klarheit, mehr Lebensfreude haben? (Übrigens: Berufsbedingtes Coaching können die meisten sogar von der Steuer absetzen.)

**Ein guter Coach zeichnet
sich dadurch aus, dass er sich
bald überflüssig macht.**

Einen guten Coach können Sie übrigens auch daran erkennen, dass er die Beratung nicht auf Jahre anlegt, sondern mit Ihnen zusammen ein Projekt festlegt, den Zeitaufwand berechnet und es zügig zu einem Abschluss bringt. Ein guter Coach, so las ich in einem Artikel, zeichnet sich dadurch aus, dass er sich bald überflüssig macht. Das stimmt. So könnte ein Coachingplan aussehen:

Coachingplan

- *Thema:* Pläne zum Selbstständigmachen
- *Ziel:* Klarheit finden, Ideen sammeln, Anregungen bekommen
- *Zeitaufwand:* 2 Stunden am 4. 4., 2 Stunden am 17. 5.
- *Kosten:* vier Stunden à 150 Euro = 600 Euro plus MwSt.
- *Vorbereitung:* Fragebogen
- *Nachbereitung:* To-Do-Liste, Adressen, Ansprechpartner

Mein persönliches Erfolgsgeheimnis

Ich habe mir immer schon Coachs für meine persönliche Weiterentwicklung gesucht, schon als es das Wort noch gar nicht gab: Das waren anfangs immer wieder mal Gesprächstherapeutinnen, mit denen ich an meinem Selbstwertgefühl gearbeitet habe. Eine Imageberaterin hat mir geholfen, meinen eigenen Kleiderstil zu finden. Ich habe bei einem Stimmtraining in der Toscana den Klang meiner Stimme ausgebaut. Bei einer Atemtherapeutin habe ich gelernt, auch bei großen Auftritten bei Atem zu bleiben. Ich habe einen Supervisor, mit dem ich über Situationen in meinen Seminaren sprechen und von dem ich mir Feedback holen kann. Ich lasse mich von meinem Steuerberater in unternehmerischen Fragen coachen. Ich bespreche mit einem befreundeten Musicalregisseur die Choreographie großer Auftritte, etwa in der Olympiahalle vor 5000 Leuten. Ich habe einen erfahrenen Trainerkollegen, der mir beim Ausbau von ASGODOM LIVE, etwa bei der Einstellung meiner Mitarbeiterinnen, mit Rat und Tat zur Seite stand.

Warum um Himmels willen sollte ich alles allein können und wissen? Ich hole mir lieber im Einzelfall Hilfe bei einzelnen Menschen, die ich schätze und die etwas können, was ich lernen möchte. Und dafür bin ich auch bereit zu investieren.

Wie könnte ich auch sonst erwarten, dass andere Menschen für meine Beratung bezahlen? In mein Coaching kommen: Politiker/innen, die sich besser in der Öffentlichkeit verkaufen wollen; Führungskräfte, die Reden halten müssen; Schauspieler/innen, die an ihrem Image arbeiten; Angestellte, die sich selbstständig machen wollen; Menschen, die Probleme mit Vorgesetzten, Mitarbeitern oder Kollegen haben; Familienmanagerinnen, die wieder in den Job einsteigen wollen.

14

WERDE LEBENSUNTERNEHMER/IN!

Wer ist die wichtigste Person in Ihrem Leben? Na, hoffentlich Sie selbst! Da lohnt es sich doch, das beste Lebenskonzept für sich auszusuchen. Treffen Sie Entscheidungen für Ihr Leben sorgfältig. Dies gilt nicht nur für Ihren beruflichen Erfolg, sondern für Ihr ganzes Leben. Unter Erfolg verstehe ich das Erreichen ganz persönlicher Ziele in Ihrer Welt.

Unter Erfolg verstehe ich das Erreichen ganz persönlicher Ziele in Ihrer Welt.

Nur Sie können bestimmen, was Lebenserfolg für Sie bedeutet. Ob Sie Familie, Kinder haben möchten. Wie viel Befriedigung, Glück, Sinn, Anerkennung Sie sich aus welchem Teil Ihres Lebens holen. Wie viel Geld Sie brauchen, um zufrieden zu sein. Egal, wie Sie die Gewichtung legen, es ist Ihre Aufgabe, sich um Ihre Zufriedenheit zu kümmern. Wer sollte es denn sonst für Sie tun?

Viele Menschen, die erfolgreich/er in ihrer Welt werden wollen, müssen erst einmal umziehen! Denn sie leben im »Eigentlich-Land«. Sie schieben die Verantwortung für ihre Zufriedenheit von sich und klagen vor allem die anderen dafür an, wie schlecht es ihnen geht. Bewohner/innen des Eigentlich-Landes erkennt man daran, dass sie immer nur von Veränderungen reden: »Eigentlich würde ich ja gern ...« Und darauf folgt immer ein »Aber«. Also zum Beispiel: »Eigentlich würde ich ja gern wieder arbeiten, aber mein Mann möchte das nicht.« »Eigentlich würde ich ja gern kündigen, aber in diesen Zeiten?« »Eigentlich würde ich ja gern Abteilungsleiter werden, aber diesen Kurs machen, ich weiß nicht ...«

Die Straßen im Eigentlich-Land sind mit guten Vorsätzen gepflastert, an den Häuserwänden hängen »Wanted«-Plakate; die Poster zeigen Idealbilder, so wie die Einwohner gern aussehen und sich fühlen würden. Das Leben im Eigentlich-Land bewahrt uns davor, irgendetwas ändern zu müssen. Es ist so wahnsinnig bequem. Aber es ist ein Leben zweiter Wahl. Es ist ein Leben weit unter dem Limit. Ein Leben, das unzufrieden macht und mäkelig.

Ab und zu schaffen es Einwohner, packen ihre Siebensachen in die Umzugskartons, sind bereit, dieses ach so langweilige Land zu verlassen und sich in die Stadt »Tun« aufzumachen. Nein, nicht in die Schweizer Stadt Thun, sondern ins Handeln. Tun ist das Schlüsselwort für Veränderungen.

Und der Stadtschreiber von Tun ruft uns zu: »Verändert die Dinge, die Euch stören; wagt Euch an die Pläne, die Euch Glück verheißen. Worauf wartet Ihr? Habt Ihr irgendein Zweitleben, wo Ihr dann alles erreichen könnt, wovon Ihr träumt? Ich glaube nicht daran. Ich denke, jetzt ist die beste Zeit, Euch aufzumachen.«

Wenn Sie auch so eine Ecke Eigentlich-Land in sich entdecken, dann überlegen Sie mal, was Sie davon abhält, aktiv zu werden? Es ist wichtig, sich diese Barrieren genau anzuschauen, weil wir sie sonst niemals überwinden können.

»Werde Lebensunternehmer/in« bedeutet, mit unternehmerischem Denken aktiv an Verbesserungen heranzugehen. Vielleicht haben Sie schon einmal das Wort »Business-Plan« gehört, oder Sie arbeiten gar in Ihrem Job damit? Das ist ein Plan, mit dem Unternehmen die Ziele und Vorgaben für das nächste Geschäftsjahr, für eine Neugründung oder ein Projekt festlegen. In einen solchen Plan gehören Abschnitte wie:

1. Definition des Projekts
2. Ist-Stand
3. Ziel/Vision
4. Zeitlicher Ablauf
5. Aufwand/Investition
6. Maßnahmen
7. Erfolgskontrolle.

Vielleicht haben Sie Lust, Ihre Ausreise aus dem Eigentlich-Land mit einem solchen Business-Plan zu erleichtern. Er kann sehr hilfreich dabei sein, Klarheit in Gedanken, Wünsche und Gefühle zu bringen. Warum sollten wir an Verbesserungen unserer Zufriedenheit nicht mit der gleichen Sorgfalt herangehen wie Unternehmen an ihre Projekte?

Lassen Sie mich die Methode an einem ganz einfachen Beispiel erläutern. Stellen wir uns vor, Sie möchten »eigentlich« schon lange Spanisch lernen, haben aber noch nie den ersten Schritt geschafft. So könnte Ihr Business-Plan aussehen:

1. **Definition Ihres Projekts:** Spanisch lernen.

2. **Ist-Stand:** Ich kann nur ein paar Brocken, brauche es aber für meine Arbeit. Schreiben Sie auch auf, warum Sie bisher Ihr Ziel nicht verfolgt haben. Manchmal liegt es im Äußeren, beispielsweise: Mir fehlen Informationen, oder: Ich muss die Finanzierung klären. Häufiger liegt es in der eigenen Angst: versagen; zeitliche Belastung …

3. **Ziel/Vision:** Schreiben Sie auf, wie gut Sie Spanisch können möchten; wofür Sie es brauchen; was Sie später damit anfangen werden; wie es sein wird, wenn Sie gut Spanisch sprechen und schreiben.

4. **Zeitlicher Ablauf:** Setzen Sie sich ein zeitliches Ziel, z. B.: In sechs Monaten möchte ich die Grundlagen beherrschen. Bitte prüfen Sie kritisch, ob das Ziel in diesem Zeitraum wirklich erreichbar ist. Seien Sie eher großzügig.

5. **Aufwand/Investition:** Ich besuche vier Monate lang einen Spanischkurs, zweimal drei Stunden in der Woche. Dazu kommen die Hausaufgaben und Übungen. Der Kurs kostet mich im Monat 290 Euro, also insgesamt 1160 Euro. Danach fahre ich vier Wochen nach Malaga, um das Gelernte auch praktisch anzuwenden. Es kostet mich vier Wochen Urlaub. Was der Aufenthalt kostet, weiß ich noch nicht, muss ich herausfinden, ich schätze 1500 Euro.
Berücksichtigen Sie alles, was geschehen muss, damit Sie das Projekt wirklich durchführen. Was muss sich ändern? Was für einen zeitlichen Aufwand bedeutet es? Wie sehen der Finanz-

bedarf und die Finanzierung aus? Wie wird sich das Projekt auf Ihr Leben auswirken? Wer kann Ihnen dabei helfen? Können Sie sich das Projekt »leisten«?

6. Maßnahmen:
- Telefonnummern von Sprachschulen in meiner Stadt heraussuchen (Gelbe Seiten, Elke fragen)
- Angebote von Sprachschulen schicken lassen
- Mit Klaus reden, wegen zeitlicher Belastung
- Einschreiben
- Hingehen …

Denken Sie bei Ihrer »To-do-Liste« daran: Auch der längste Weg beginnt mit einem ersten kleinen Schritt. Solange Sie die eine Telefonnummer nicht haben, werden Sie niemals Spanisch lernen. Was müssen Sie als Erstes tun? Setzen Sie Mini-Etappen fest, die Sie leicht erreichen können, dann wird der »Spanisch«-Berg überschaubarer und leichter zu bezwingen.

7. Erfolgskontrolle: Ich werde am 15. des nächsten Monats prüfen, wie weit ich gekommen bin. Die ersten Maßnahmen werde ich abhaken. Habe ich bis dahin keinen einzigen Schritt getan, werde ich überlegen, woran es lag, und eventuell das Projekt ersatzlos streichen!

Ja, das kann auch ein wundervolles Ergebnis Ihres Business-Plans sein: Sie merken, dass dieses Projekt gar keins für Sie ist. Vielleicht denken Sie nur, »eigentlich« müssten Sie Spanisch lernen, weil es jemand anderer von Ihnen erwartet. So eine nüchterne Planung kann uns helfen, uns auch von Träumen zu verabschieden, die sehr viel geistige Energie kosten, aber

Mein Business-Plan

1. Definition des Projekts

_____

_____

2. Ist-Stand

_____

_____

4. Zeitlicher Ablauf

_____

_____

5. Aufwand/Investition

_____

_____

6. Maßnahmen

_____

_____

7. Erfolgskontrolle

_____

_____

_____

Datum　　　　　　*Unterschrift*

niemals in Ziele umzusetzen sind. Um dann, »back to the earth«, das Leben wieder mehr zu genießen, ohne Wenn und Aber!

Frauen und Männer sind glücklicher, wenn sie bewusst die Verantwortung für ihr Leben übernehmen und zu ihren Wünschen und Bedürfnissen stehen. Und wenn sie bereit sind, den Preis für ihre Entscheidung zu zahlen. Denn das müssen wir auch wissen: Umsonst bekommen wir nichts. Ob wir den ganzen Tag Bilanzen wälzen oder auf dem Sofa liegen; unserem Kind hinterherräumen oder auf Kinder verzichten; zur Tennisplatzqueen oder zum Golfprofi avancieren; uns in einem Teilzeitjob verwirklichen oder als Topmanager/in 14-Stunden-Tage schieben – das ist unsere Wahl, und wir tragen die Konsequenzen. Wir entscheiden, was wir bereit sind, dafür zu investieren: an Zeit, Geld, Verzicht, Energie, Überzeugungskraft … Nur wer diese Entscheidungen trifft und die Verantwortung für die Folgen übernimmt, erreicht seinen Lebenserfolg.

Mein persönliches Erfolgsgeheimnis

Ich habe viele Jahre lang mein Glück und meine Zufriedenheit von anderen abhängig gemacht: Wenn die oder der nicht so oder so zu mir wäre, ginge es mir besser; wenn meine Eltern mich damals …; wenn ich nicht wegen der Kinder … Bis ich merkte, dass dieses Drehbuch mich zur Passivität verurteilte. Ich kann ja nichts für mich tun, das Schicksal!

Selbst an seinem Lebens-Drehbuch mitzuschreiben macht viel mehr Spaß! Die Befreiung aus dem Eigentlich-Land war meine persönliche Befreiung. Seit ich entscheide, was ich tue, und damit: Wie es mir geht, bin nicht nur ich glücklicher, sondern auch die Menschen um mich herum.

**Selbst an seinem Lebens-
Drehbuch mitzuschreiben
macht Spaß!**

»Harmonie entsteht aus Klarheit«, diesen Satz habe ich neulich von einer Freundin gehört. Und ich kann ihn nur unterstreichen. Ja, wenn ich sage, wie es mir geht und was mich stört, sind Veränderungen möglich. Es stimmt ja nicht, dass dann die anderen sauer auf mich werden und mich alle verlassen (das war wohl früher meine Angst). Wenn ich die Verantwortung für meine Zufriedenheit selbst übernehme, bedeutet dies auch eine ungeheure Entlastung für die Menschen, die mich lieben. Und genauso für mich, wenn ich ihnen die Verantwortung für ihr eigenes Glück zurückgebe. Ich bin nicht verantwortlich für ihre schlechte Laune, ihre Unfähigkeit, Probleme zu lösen.

Gern biete ich meine helfende Hand an, gern stehe ich ihnen zur Seite, gern tue ich alles, was mir möglich ist, aber das Drehbuch ihres Lebens können sie nur selbst schreiben, das gilt auch für meine Kinder. Und das ist gar nicht so leicht für Eltern, ihren Kindern diese Autonomie zuzugestehen, schließlich wollen wir doch nur das Beste! Ich habe ein großes Vertrauen, dass meine Kinder ihren Weg im Leben schon machen werden, wissend, dass der ganz anders aussehen kann, als ich ihn mir vorstelle. Aber das ist okay so.

Ich bin meinen Eltern heute sehr dankbar, dass sie mich meinen Weg gehen ließen, gleich nach dem Abitur weit weg nach München; meinen Traumberuf Journalismus zu erlernen; meiner Mutter, dass sie meinen afrikanischen Mann wie einen Sohn aufnahm. Wer bin ich, dass ich meinen Kindern vorschreiben möchte, wie sie zu leben haben?

15

LACH EIN MAL TÄGLICH (MINDESTENS)!

»Wenn du lachen kannst, bist du der Herrscher der Welt!« sagt Roberto Benigni, der Regisseur des zauberhaften Films *Das Leben ist schön*. Doch Vorsicht, lachen kann man verlernen – wenn der Job einen auffrisst oder man es überwiegend mit humorlosen Menschen zu tun hat. Und mangelnder Spaß, das haben Untersuchungen gezeigt, schwächt die Immunabwehr des Körpers – wir werden schneller krank. Deshalb: Pflegen Sie Ihre Lachkultur.

Spaß ist ein absoluter Erfolgsfaktor, behauptet auch die Autorin und Unternehmensberaterin Jacqueline Rieger. Sie sagt: Arbeit und Spaß gehören zusammen. In einer Studie des BAT-Freizeitforschungsinstituts über Karriere im Jahr 2010 bekundeten zwei Drittel der jüngeren Befragten, dass sie eine Arbeit haben wollen, die ihnen Spaß macht.

**Spaß ist ein absoluter
Erfolgsfaktor.**

Und: Lachen tut gut. In einer Untersuchung über Erfolgsteams kam heraus: Die Teams brachten die besten Ergebnisse, in denen auch mal Zeit war, zusammenzustehen, zu blödeln, Spaß zu haben.

Lachen ist Kopfjogging, Hunderte von Muskeln werden bewegt, wenn Sie herzhaft lachen. Außerdem nimmt das Gehirn beim Lachen besonders viel Sauerstoff auf und produziert Endorphine, also Glückshormone. Eine ganze Wissenschaft, die Gelotologie, befasst sich inzwischen mit der segensreichen Kraft des Lachens. Und in den USA beschäftigen Unternehmen schon die ersten Lachtrainer.

Was aber tun, wenn Sie es mit Vorgesetzten zu tun haben, die schon kritisch um die Ecke schauen, wenn in einem Büro mal gekichert wird? Denen könnte man ein Wort des Theatermanns August Everding entgegenhalten: »Humorlosigkeit ist die Unfähigkeit, eine andere Wirklichkeit wahrzunehmen als die eigene.«

Freundlichkeit trainieren

Dies könnte ein Modell für »aggressive Unternehmen« sein: In mehr als 40 Grundschulen in Hessen steht montags in der Frühe Freundlichkeit statt Stress auf dem Stundenplan. Mit so genannten Vernetzungsspielen, Entspannung und Musik wird der »Montagsstau«, also Aggression und Überdrehtheit, die Kinder aus dem Wochenende mitbringen, abgebaut und ein freundlicher Umgangston ermöglicht. Unterstützt wird der montägliche Gefühls-Workshop von der Kassenärztlichen Vereinigung Hessen[23], die Kindern helfen will, »Aggressionen auf friedlichem Weg abzubauen«.

Und das ist der befreiende Effekt beim Lachen: Spannung wird abgebaut, die Seele hellt sich wieder auf. Bestes Beispiel ist das gemeinsame Lachen nach einer peinlichen Situation. Jutta Veith[24] erinnert sich halb grinsend, halb schaudernd an das erste Geschäftsessen, an dem sie als Marketingassistentin teilnahm: »Wir saßen noch keine fünf Minuten, da flog schon mein Weinglas um, Rotwein quer über den Tisch. Ich hätte versinken mögen, aber mein Chef rettete die Situation, indem er scherzte: ›Frau Veith, mit den Gläsern wirft man doch erst nach einem gelungenen Geschäftsabschluss und dann mit Wodka.‹ Alle lachten und ich bekam wieder Luft.«

Achten Sie auf Ihr persönliches Lachprogramm.

Wenn Lachen ein wichtiger Teil Ihrer Lebensfreude ist, dann sollten Sie mit großer Sorgfalt auf Ihr persönliches Lachprogramm achten:

- Testen Sie als Bewerber/in schon beim Vorstellungsgespräch den Spaßfaktor Ihrer zukünftigen Vorgesetzten (vor allem wenn Ihre Hauptmotivation Spaß ist, siehe Seite 25ff.). Wenn die zukünftigen Bosse keine Miene verziehen, wenn Sie eine lustige Bemerkung machen, sollten Sie sich das mit dem Job noch einmal überlegen.
- Vorsicht: Miesepeterei ist ansteckend! Gehen Sie mittags möglichst mit Leuten essen, mit denen Sie lachen können. Sie wer-

den danach ganz entspannt und kreativ an Ihren Arbeitsplatz zurückkehren, denn Ihr Energiehaushalt ist wieder ausgeglichen.

- Versuchen Sie wenigstens ein Mal am Tag mit jemandem zu reden, zu telefonieren, der ebenfalls Humor besitzt. Nehmen Sie sich die zwei, drei Minuten in der Kaffeeküche, um mit Kollegen zu lachen, egal, wie viel Arbeit auf Sie wartet und was die anderen sagen.

- Halten Sie ab und zu Referate oder Präsentationen? Dann bringen Sie Ihre Zuhörer mindestens einmal zum Lachen. Wer lacht, öffnet sich und ist bereit, etwas anzunehmen.

- Haben Sie es im Büro mit lauter Sauertöpfen zu tun, wollen aber den Job trotzdem nicht wechseln? Dann suchen Sie wenigstens abends die Gesellschaft von Menschen, die lachen können. Und schauen Sie im Kino Filme zum Lachen an.

Mein persönliches Erfolgsgeheimnis

Ich stelle immer wieder fest, wie dankbar Menschen sind, wenn sie mal wieder richtig lachen können. Bei Beurteilungen nach Vorträgen oder Seminaren wird das in den Bewertungsbögen der Teilnehmer immer besonders herausgestrichen. Denn die Wissensvermittlung ist das eine, die Unterhaltung das andere.

Wie Training und Entertainment eine gute Symbiose eingehen können, habe ich von einem Engländer gelernt. Mit dem begnadeten Trainer Paul Smith lernte ich vor vielen Jahren einmal eine Woche lang Business-Englisch in London. Ich glaube, ich habe in einer Woche noch nie so viel gelacht – und gleichzeitig so viel gelernt. Von Engländern und Amerikanern können wir lernen, dass U und E, also Unterhaltung und Ernsthaftigkeit, sich nicht ausschließen müssen. Nicht der ist gescheiter, der möglichst hochtrabend spricht, sondern diejenigen, die das Herz erreichen!

**Training und Entertainment
können eine gute Symbiose
eingehen.**

Ich bin sehr abhängig in meiner Stimmung von der Kultur um mich herum und erkenne sehr schnell, welche »Lachkultur« in einem Unternehmen gepflegt wird. Nie werde ich einen Vortrag vergessen, den ich in einer großen Bank in Frankfurt vor 400 Männern und Frauen gehalten habe. Am Anfang war die Skepsis, vor allem der jungen männlichen Banker, mit Händen zu greifen. Das Thema war »Die sieben Schlüssel zur Gelassenheit«.

Ich hatte auf der Zugfahrt nach Frankfurt eine Tarotkarte für die Veranstaltung gezogen, die von der schlechten Stimmung in der Bank zeugte. Angst, Unsicherheit und Stress waren die herrschenden Gefühle. Ich griff diese Ängste auf und versuchte, eineinhalb Stunden lang diese Gefühle in Zuversicht, Vertrauen und Leichtigkeit umzuwandeln. Offensichtlich mit einigem Erfolg. Eine der Organisatorinnen berichtete mir hinterher: »Ich habe drei unserer ehrgeizigen Jungbanker beobachtet. Am Anfang saßen sie mit verschränkten Armen und finsterem Gesicht in den Stuhlreihen, die Füße gegen die Lehne der vorderen Reihe gestemmt. Nach zehn Minuten nahmen sie die Füße runter, nach weiteren zehn Minuten lockerten sie die Arme, nach einer halben Stunde lächelten sie zum ersten Mal, nach einer Stunde wischten sie sich Lachtränen aus den Augen, am Schluss trampelten sie mit den Füßen vor Begeisterung.«

Völlig überrumpelt wurde ich vom Personalvorstand der Bank, der mich nach dem Vortrag in den Arm nahm und sich bedankte: In diesem Auditorium sei noch nie gelacht worden. Aber man werde einiges aus meinem Vortrag lernen.

Wie traurig, ein Unternehmen ohne Lachkultur. Wie einsam die Menschen in einer solchen Firma. Wie phantasielos die Lösungen, die dort gefunden werden. Wie schwer die Bürde für die Vorgesetzten. Wie viel ungenutztes Potential! Eigentlich sollte ich viel mehr Lach-Workshops anbieten: Erfolg durch Humor. Ein Markt wäre sicher da!

16

ERKENNE KRISEN!

»Es traf mich wie ein Schlag ...«, so beginnen die meisten Erzählungen von Menschen, die erlebt haben, wie es ist, »rauszufliegen«. Der Chef rief sie ins Büro: »Wir müssen uns von Ihnen trennen«, und ratzfatz saßen sie auf der Straße. Eine der schlimmsten Krisen, die wir uns vorstellen können.

Neben diesem »Worst Case« gibt es aber auch noch andere Veränderungen, die uns aus der Bahn werfen können: eine Versetzung, eine Abmahnung, Streit mit Kollegen, Mobbing, Entzug der Unterstützung unseres sozialen Umfelds, Ehestreit, Entfremdung, Krankheit.

> **Wir werden häufiger gezwungen werden, uns neu zu orientieren, ob wir wollen oder nicht.**

Bleiben wir erst einmal bei den beruflichen Krisenquellen: Rausschmiss oder Versetzung. Sie glauben, das könnte Ihnen nicht passieren? Vergessen Sie's. In Zeiten von Fusionen und Verkäufen wird es eher öfter geschehen als seltener. Wir werden häufiger gezwungen werden, uns neu zu orientieren, ob wir wollen oder nicht.

Die erste Reaktion bei den Betroffenen ist meistens: Panik. Wie konnte das passieren? Wie können die mir das antun? Hilfe, was wird aus mir? Wer bleibt in so einer Situation schon ruhig? Doris M. erinnert sich genau an dieses Gefühl: »Ich war für einen neuen Job bei einer Speditionsfirma nach Berlin gezogen. Merkte aber von Anfang an, dass mein Vorgesetzter mich nicht mochte. Sehr schnell bekam ich Schwierigkeiten, wurde gemobbt. Eines Morgens, als ich ins Büro kam, saß eine Aushilfe auf meinem Platz. Das hieß, ich war raus …«

Allein in einer neuen Stadt, ohne Job, ohne Geld, ohne Freunde – wie hätten Sie in einer solchen Situation reagiert? Mit dem Schicksal gehadert, getobt, geklagt oder geweint? Hätten Sie die Koffer gepackt und wären schnell nach Hause zurückgefahren? Doris M. überlegte alle diese Möglichkeiten, saß einen Tag wie gelähmt in ihrer kleinen Wohnung. Und beschloss: »Berlin, du kriegst mich nicht unter!« Sie durchstöberte die Gelben Seiten nach Speditionsfirmen und suchte sich eine raus, die einen guten Namen hatte. Ein Anruf genügte und sie wurde zu einem Vorstellungsgespräch eingeladen. »Ich war so fest entschlossen, einen anderen Job zu finden, das hat die wohl beeindruckt.« Schon nach einer Woche war sie eingestellt. »Von den Aufgaben her war dieser Job viel interessanter als der erste, ich hatte nette Kolleginnen, verstand mich prima mit dem Chef. Ich war wirklich der Überzeugung, es war ein reiner Glücksfall, dass mir das alles passiert war.« Ein halbes Jahr später flog ihr Chef raus, und sie gleich mit. Wieder stand sie vor dem Nichts. Doris M. nahm ein zweites Mal ihren ganzen Mut zusammen, bewarb sich bei einer anderen Firma, wurde wieder eingestellt und betreute das Expo-Büro der Firma in Hannover.

Natürlich wünscht sich niemand, in eine solche Situation zu

geraten, nur um hinterher das wahre Glücksgefühl zu erleben. Wir leben Spannung und Aufregung lieber in der Achterbahn oder beim Bungeejumping aus. Deshalb macht es Sinn, rechtzeitig auf Krisen aufmerksam und aktiv zu werden. Wie krisensicher Ihr Job ist, können Sie in dem anschließenden Test herausfinden, den die Münchner Krisenexpertin und Autorin Isabel Nitzsche zusammen mit der Kölner Trainerin Ilse Martin entwickelt hat.[25]

Wie erkennen Sie eine Krise?

Bei diesen Punkten müssen Sie aufpassen:

- *Schlechte Zahlen.* Ihrem Unternehmen geht es wirtschaftlich nicht gut. Da wird schnell ein »Bauernopfer« gesucht, und das muss gehen, selbst wenn diese Person keine Schuld an der Misere hat. Das gilt besonders für Mitarbeiter/innen, die als Letzte gekommen sind.

- *Schwierige Kontakte.* Die Vorgesetzten haben plötzlich keine Zeit mehr für Sie. Kontakte werden auf ein Minimum begrenzt, oder Sie müssen sogar tage- oder wochenlang auf einen Termin beim Boss warten.

- *Schlechte Informationen.* Sie wissen plötzlich das Wichtigste für Ihren Bereich nicht mehr? Alle anderen sind informiert? Nur Ihnen hat keiner was gesagt?

- *Keine Sonderaufgaben mehr.* Ein Kollege übernimmt Aufgaben, die Sie sonst immer für Ihren Chef erledigt haben. Und niemand erklärt Ihnen, warum das plötzlich so ist.

- *Sinnlose Aufgaben.* Sie bekommen plötzlich Aufträge, die unter Ihrer Qualifikation und Ihrem Status liegen. Sie müssen beispielsweise tagelang Adressdateien ergänzen oder sind plötzlich für die Besorgung von Bleistiften zuständig.

- *Abbau von Statussymbolen.* Ohne Begründung werden Ihnen lang gewährte Benefits entzogen; die Sekretärin, der Dienstwagen, das Zimmer. Aus fadenscheinigen Gründen bekommen Sie in diesem Jahr keine Prämie – alle anderen jedoch schon.
- *Eingeschränkter Kontakt.* Sie merken, dass sich Ihre Kollegen immer mehr zurückziehen. Alle gehen essen, aber Sie hat niemand gefragt. Oder: Sie werden zu Konferenzen nicht mehr eingeladen, weil Sie angeblich so viel zu tun haben und man Sie nicht weiter belasten möchte.
- *Verweigern der Mitarbeit.* Mitarbeiter erledigen auf einmal die Aufgaben nicht mehr (pünktlich), die Sie ihnen gegeben haben. Ihre Entscheidungen werden »von oben« gekippt.
- *Das Gefühl, es nicht mehr zu schaffen.* Es graust Sie davor, morgens ins Büro gehen zu müssen. Sie retten sich nur noch von Wochenende zu Wochenende, von Urlaub zu Urlaub.
- *Krankheitssymptome.* Sie fühlen sich ständig krank, die Zahl der »Zipperlein« steigt. Abends schmerzt das Kreuz, mittags zwingt Sie eine Migräne, nach Hause zu gehen, morgens haben Sie schon Herzrasen, wenn Sie am Pförtner vorbeigehen.

Wenn Sie mehr als einen dieser Punkte mit Ja beantworten müssen, sollten Sie sich Ihre Situation genau ansehen und überlegen, wie Sie zur Klärung beitragen können.

Franz Hubschmidt[26] war eigentlich als Marketing Director bei einem Start-up-Unternehmen eingestellt worden. Doch bevor er seine ersten Konzepte präsentieren konnte, musste er erst einmal andere Aufgaben erledigen: Visitenkarten für alle bestellen, sich um Flyer kümmern, Druckaufträge rausgeben. Franz kam aus diesem Alltagseinerlei gar nicht mehr heraus. Seine Ideen blieben liegen. Die Zeit verrann. Nach vier Monaten Probezeit flog er raus: weil er nicht kreativ genug gewesen sei. Erst im Nachhinein wurden ihm die Zusammenhänge klar: Der Geschäftsführer hielt sich selbst für den besten Marketingmann und wollte gar keinen starken Konkurrenten neben sich.

Heute weiß Franz, dass er von Anfang an hätte kämpfen müssen, um Kompetenzen, um Entscheidungsbefugnis. Aber nichts ahnend hatte er sich mit Kinkerlitzchen beschäftigen lassen und das Terrain verloren.

Führen Sie den persönlichen Krisen-Check auch ab und zu für Ihre private »Laufbahn« durch.

Den persönlichen Krisen-Check sollten Sie übrigens auch ab und zu für Ihre private »Laufbahn« durchführen. Ich bin sicher, dass viele Menschen weniger von Trennungen oder anderen Enttäuschungen überrascht wären, wenn sie besser auf erste Anzeichen achten würden:

- Ihr Partner/Ihre Partnerin kommt jeden Tag später nach Hause, weil im Büro so viel zu tun ist. Oder er/sie vergräbt sich sofort wieder am Schreibtisch oder hinter dem Computer.

- Er/Sie vergisst kleine Aufgaben zu erledigen, beispielsweise die Wäsche von der Reinigung zu holen oder die Theaterkarten zu besorgen.
- Einschlafrituale wie Kuscheln oder der Gutenachtkuss »schlafen ein«.
- Er/sie »vergisst« Verabredungen, Geburtstage oder den Kennenlerntag vor drei Jahren.
- Der eine »vergisst«, dass er am Abend für die Kinder da sein sollte, weil der andere einen wichtigen Termin hat.
- Plötzlich stören Angewohnheiten, die jemand von Anfang an hatte.

Dies können alles harmlose Nachlässigkeiten sein, meistens sind sie kleine Zeichen, dass sich in der Beziehung etwas geändert hat. Oft trauen wir uns nicht, diese Veränderungen anzusprechen, weil wir schließlich tolerant sind und den anderen nicht kritisieren wollen. Eine gefährliche Strategie, weil es irgendwann zu spät sein könnte, etwas wieder gutzumachen. Eine gute Krisenstrategie wäre, darauf aufmerksam zu machen, dass wir die Veränderungen bemerken, und zu fragen, ob es dem anderen nicht gut geht mit uns.

»Fünf Frösche sitzen auf einem Baumstamm. Vier davon wollen runterspringen. Wie viele bleiben oben?« So lautet eine englische Scherzfrage, die mir mein Freund Jens vor kurzem stellte. Ich überlegte: Einer? Keiner? Hüpft der fünfte auch mit, wenn alle hüpfen? Die Antwort war überraschend anders: »Fünf bleiben sitzen, denn etwas wollen und etwas tun sind zwei verschiedene Sachen.«

O ja, wer von uns kennt das nicht. Wie oft nehmen wir uns vor, im Beruf etwas zu ändern, bleiben aber doch immer wieder im gleichen Trott. Offensichtlich ist es nicht so schwer, sich mit einer latenten Unzufriedenheit zu arrangieren. Aber wehe, dieser Trott wird durch Änderungen von außen durchbrochen. Wenn wir plötzlich gezwungen werden, uns neu zu orientieren, ob wir wollen oder nicht. Vielleicht können Sie rückblickend aus Ihren eigenen Erfahrungen auch sagen: Es machte schon irgendwie Sinn, was damals passiert ist. Eigentlich wollte ich schon lange weg, als ich gekündigt wurde. Vielleicht habe ich mich schon lange dort gelangweilt oder das Arbeitstempo hätte mich umgebracht. Vielleicht brauchte ich einen Schubs, damit ich den Hintern hochbekomme und an meinem Leben etwas ändere oder mir eine Auszeit nehme. Für den amerikanischen Bestseller *Lessons from the Top* wurden die 50 erfolgreichsten Manager der USA nach ihren Erfolgsrezepten befragt. Eine Übereinstimmung war, dass alle im Nachhinein einen Sinn in Misserfolgen fanden. Nach dem Motto »Wenn mir das nicht passiert wäre, hätte ich nie …«.

Vielleicht haben Sie auch schon mal Berichte von Menschen gelesen, bei denen eine Krankheit ihr Leben veränderte, und die seitdem eine ganz neue Einstellung zum Leben haben? Ich bin immer wieder fasziniert und gerührt von der Intensität, die diese Menschen entwickeln, und bin längst nicht mehr sicher, dass immer das »normale Leben« die Krönung des Glücks sein muss. Neulich hörte ich in einem Fernsehfilm den schönen Satz »Meine Oma sagt immer, auch in der finstersten Nacht beginnt ein neuer Tag«. Für die, die sich gerade in der Finsternis wähnen, ein schwacher Trost, aber immerhin ein Trost.

**Egal, was uns aus der
Bahn geworfen hat, die Nachbereitung ist wichtig.**

Zurück zur beruflichen Krise: Egal, was uns aus der Bahn geworfen hat, die Nachbereitung ist wichtig, denn selten erhält man
nach dem Rausschmiss noch Informationen, was denn da schief
gelaufen ist. Es macht aber wenig Sinn, die Schuld nur bei den
anderen zu suchen: Der war doof, die mochte mich nicht … Ich
erlebe es in meinen Coachings immer wieder, dass Menschen die
Krisensituation mehrmals hintereinander erleben. Das dritte Mal
in der Probezeit rausgeflogen? Zum zweiten Mal an den gleichen
Charakterzügen des Chefs gescheitert? Dies ist immer ein Hinweis darauf, sich den eigenen Anteil an der Misere anzuschauen.
Denn bei jedem Arbeitsplatzverlust nehmen wir schließlich uns
selber mit. Es macht Sinn, sich zu fragen:

- Wie bin ich in den Schlamassel hineingeraten?
- Welche Signale habe ich übersehen?
- Was ist mein eigener Anteil am Misserfolg?

Sehr oft stellt man dabei fest, dass man den Job eigentlich eh
nicht mochte, den Chef nicht achten konnte, selbst in einer Sinn-
krise steckte oder in seinem Leben ganz einfach andere Ziele hatte!

Mein persönliches Erfolgsgeheimnis

Ich für mich habe gelernt, offener für unangenehme Entwicklungen zu sein, mich nicht nur in negativen Gefühlen zu vergraben, sondern zu schauen, welche positive Auswirkung auch noch damit einhergehen könnte. Ein ganz harmloses Beispiel: Ich war vor einiger Zeit zu einem Promi-Pétanque-Turnier eingeladen. Sie kennen dieses Spiel vielleicht auch unter dem Namen Boccia. Ganz knapp schied mein Team in der vorletzten Runde aus. Enttäuscht ging ich in das Restaurantzelt; Sie müssen wissen, ich bin im Spiel äußerst ehrgeizig. Und dort wurde ich für einen Fernsehsender interviewt. Das Interview wurde am nächsten Tag ausgestrahlt. Netter »Zufall«, der mir die Niederlage versüßte.

Ein weniger harmloses Beispiel: Ich erlebte selbst eine Paniksituation im letzten Jahr. Ein großer Kunde, für den ich sehr viele Trainings durchgeführt hatte, sagte alle Termine für 2000 ab. Können Sie sich vorstellen, wie mir zumute war? Ich habe, ehrlich gesagt, ganz schön Muffensausen bekommen. Bis dahin hatte ich als Jungunternehmerin nur erlebt, dass die Aufträge immer zahlreicher wurden. Ich haderte mit mir, ob ich vielleicht ein zu hohes Honorar verlangt hatte, vielleicht nicht genug auf die Gesprächspartner eingegangen war, ob ich mit meinem flotten Mundwerk jemanden geärgert oder verletzt hatte.

Ich bin ein Mensch, der neben grenzenlosem Optimismus immer wieder Anfälle von schwerem Sicherheitsbedürfnis bekommt, und mir wurde daher wirklich schummerig. Ich schlief schlecht, bekam Zahnschmerzen. Meine Zahnärztin stellte fest, dass ich wohl nachts mit den Zähnen knirschte, daher die Schmerzen.

Ich brauchte einige Wochen, um den Schock zu überwinden, bis ich mir sagen konnte: »Wer weiß, wofür's gut ist!« Ja, je länger ich da-

rüber nachdachte, umso überzeugter wurde ich, dass etwas anderes, Besseres nachkommen würde. Als ich meine Angst wieder im Griff hatte, erinnerte ich mich an das, was ich gerne anderen sage: »Damit etwas Neues kommen kann, müssen wir etwas Altes loslassen.«

Und es stimmt: In den Monaten danach kamen so zauberhafte neue Aufträge, große Herausforderungen, unglaubliche Sachen, die ich gar nicht hätte wahrnehmen können, wenn ich die festen Termine gehabt hätte. Und es bewahrheitete sich wieder mal ein alter Spruch: Manchmal muss man zu seinem Glück gezwungen werden!

**Damit etwas Neues
kommen kann, müssen wir
etwas Altes loslassen.**

17

VERTRAU DEINEM BAUCH!

Gehören Sie zu den Menschen, die Situationen blitzschnell analysieren, andere Leute einschätzen und zügig entscheiden können – und dabei immer richtig liegen? Glückwunsch. Wenn nicht, dann sollten Sie Ihr Bauchgefühl trainieren. Je mehr Verantwortung Sie im Job bekommen, umso öfter müssen Sie schnelle Entscheidungen treffen. Und das geht am besten mit Hilfe Ihrer Intuition.

Emotionale Intelligenz nennt man wissenschaftlich dieses intuitive Wissen um das Richtige. Herausgefunden hat man die Bedeutung des EQ (Emotionaler Quotient) bei Befragungen nach dem IQ (Intelligenzquotient). Denn bei allen Definitionen der Intelligenz fiel immer wieder der Begriff »Menschenkenntnis«. Und diese hat mit Emotionen zu tun, nicht mit dem blanken Geist.

Vier Fähigkeiten sind es, die uns emotional intelligent machen.

»Emotionale Intelligenz ist es, die aus Ihnen einen guten Ehepartner, netten Nachbarn, verständnisvolle Eltern oder einen charismatischen Chef machen.« So die Definition der Autoren Stefan Konrad und Claudia Hendl in ihrem Buch *Stark durch Gefühle*[27]. Sie behaupten, dass es vor allem vier Fähigkeiten sind, die uns emotional intelligent machen:

1. Eigene Gefühle erkennen. Nur wer auf die innere Stimme hört, kann sie nützen.
2. Gefühle äußern. Nur wer sagen kann, wie es ihm geht, kann Auseinandersetzungen konstruktiv führen.
3. Gefühle kontrollieren. Nur wer seine Gefühle auch im Zaum halten kann, erreicht, was er möchte.
4. Sich in andere einfühlen. Nur wer auf andere eingehen kann, reagiert angemessen und schafft Harmonie.

Ich kenne einen Personalberater, der lässt, während Kandidaten für Topjobs bei ihm im Büro sitzen, einmal seine Assistentin kurz hereinkommen, die wirft einen kurzen Blick auf die Person und schüttelt an der Tür entweder den Kopf oder nickt. Und er verlässt sich inzwischen hundertprozentig auf ihr Urteil.

Wie kann das sein? Er hat doch den Einblick in die Akten, hat mit dem Menschen gesprochen, ihn befragt? Alles richtig, aber seine Assistentin hat ein untrügliches Gespür dafür, ob der Kandidat/die Kandidatin in das Unternehmen passt, für das er/sie vorgesehen ist.

Sie kennen alle dieses Gefühl, das uns sagt: »Finger weg von diesem Job!« oder »Mit dem/mit der stimmt etwas nicht.« Aber oft ignorieren wir dieses Gefühl, weil wir es nicht hören wollen, oder weil wir ihm nicht trauen. Dabei sagt unsere Sprache es ganz deutlich: Bei falschen Entscheidungen haben wir »Bauchgrimmen« oder eine Wahl hat einen »schlechten Beigeschmack«. Die Menschen wissen seit langem, dass der Bauch an Entscheidungen maßgeblich beteiligt ist (oder sein sollte).

Auch wenn im Business lange Zeit kaum jemand offen darüber

gesprochen hat: Erfolgreiche Menschen sind oft Meister der Intuition. Sie »wissen« einfach die richtige Entscheidung, spüren, was geschehen muss, fühlen, wie sie Menschen »bewegen« können. Und vor allem: Sie vertrauen ihrer Gabe.

Denn längst weiß man, dieses berühmte Bauchgefühl ist mehr als nur eine Laune. Es setzt sich zusammen aus: Intelligenz, Gefühl, Wahrnehmung, Erfahrung und diesem kleinen Schuss »Gespür«, das man nicht erklären kann. Das Bauchgefühl ist also die Krönung jeglicher Überlegung, jeglichen Kalküls. Unser siebter Sinn hat den Vorteil, blitzschnell zu reagieren und innerhalb von Zehntelsekunden ein Urteil zu fällen. Einen flinkeren Ratgeber gibt es nicht.

Frauen sagt man nach, intuitiv begabter zu sein als Männer, besonders gut Empathie zu entwickeln, also sich in andere Menschen hineinversetzen zu können. Doch im Beruf fällt es auch den meisten Frauen schwer, ihr Bauchgefühl gezielt einzusetzen. Zu lange wurde in der Wirtschaft das hohe Lied der Sachlichkeit gesungen; es sei nicht professionell, aus dem Bauch heraus zu entscheiden. Fakten, Fakten, Fakten waren gefordert, Zahlen, Bilanzen. Doch die Zeit hat sich gewandelt, jetzt büffeln auch Männer in Intuitions-Seminaren das Einmaleins der Gefühlskunde.

Sie glauben schon, dass an diesem siebten Sinn was dran ist, sind aber noch ein wenig unsicher, ob Sie sich wirklich darauf verlassen können? Dann sollten Sie die Zuverlässigkeit Ihrer intuitiven Entscheidungen anhand folgender Checkliste überprüfen.

Daniel Goleman, amerikanischer Psychologe und »Vater« der Emotionalen Intelligenz, nennt den EQ eine »andere Form von

Checkliste:
So können Sie sich auf Ihre intuitiven Entscheidungen verlassen

1. Schreiben Sie kurz auf, wie Sie spontan und intuitiv entschieden hätten.

2. Tragen Sie dann alle Informationen zusammen, die Sie haben.

3. Legen Sie eine Plus-Minus-Liste an: Was spricht dafür, was dagegen – sachlich, faktisch, gefühlsmäßig?

4. Gewichten Sie Pro und Kontra: Welche Seite überwiegt? Ein schlechtes Gefühl kann eine ganze Reihe von Pro-Fakten überstimmen.

5. Entscheiden Sie jetzt zügig, um den richtigen Zeitpunkt nicht zu verpassen.

6. Stehen Sie zur einmal gefällten Entscheidung.

7. Grämen Sie sich nicht über falsche Entscheidungen.

8. Analysieren Sie, wodurch ein falsches Urteil zustande kam. Berücksichtigen Sie dies beim nächsten Mal. Ich wette mit Ihnen: Meistens liegt es daran, dass Sie Ihr Bauchgefühl mit Fakten überstimmt haben.

Klugheit«[28]. Und er beklagt das Fehlen dieser Klugheit bei vielen Managern. Er ist sicher, dass die besseren Entscheidungen getroffen würden, wenn mehr Menschen auf ihr Bauchgefühl vertrauen würden. Es gäbe weniger Missverständnisse und Streitigkeiten, weniger Gewalt und Mobbing. Wenn Sie also mehr auf Ihr Bauchgefühl vertrauen, machen Sie diese Welt ein bisschen besser. Ist das nicht einen Versuch wert?

Wenn mehr Menschen auf ihr Bauchgefühl vertrauen würden, würden bessere Entscheidungen getroffen werden.

Mein persönliches Erfolgsgeheimnis

Ich habe mich lange Zeit meines Bauchgefühls geschämt, das in einem Bereich schon immer sehr ausgeprägt war: Ich mochte (und mag bis heute) manche Menschen auf Anhieb und manche auf Anhieb nicht. Und lange konnte ich nicht mal sagen, was mir an ihnen gefiel oder mich störte. Ich hatte nur »so ein Gefühl«. So gut wie immer hat sich übrigens meine Abneigung im Nachhinein als gerechtfertigt herausgestellt: Ein Politiker, der sich als korrupt erwies, ein Wirtschaftsboss, der Dreck am Stecken hatte, eine Bekannte, die andere nur ausnutzte …

Lange Zeit habe ich mich nicht getraut, mit anderen über meine Einschätzung zu reden. Denn wie komme ausgerechnet ich dazu zu sagen, dass dieser gefeierte Politiker oder der hoch bezahlte Star in der Trainerszene ein Scharlatan ist? Doch ich habe mit den Jahren gelernt, zu meinem Bauch zu stehen und ihm zu vertrauen. Wenn er »Vorsicht« sagt, dann höre ich auf ihn. Wenn er »Alles okay« sagt, genauso.

Ich habe beispielsweise ein großes Vertrauen zu fremden Menschen, auch in fremden Ländern, und bin noch nie hereingefallen. Vielleicht, weil mein »Bauch« die Richtigen für mich heraussortiert, die ich ansprechen kann (und ein Schutzengel ist sicher auch noch engagiert).

Dieses gute Bauchgefühl ermöglicht es mir auf der anderen Seite ziemlich schnell, das Potential zu entdecken, das in einem Menschen steckt. Ihn zu ermutigen, mehr aus seinem Talent zu machen. Und andererseits kann ich schon nach einem kurzen Gespräch herausfinden, was ihn bremst oder welche Verletzungen er in seinem Leben davongetragen hat. Treffsicher kann ich oft die Ursachen benennen.

Diese Empathie ist ein wichtiger Baustein für meinen Beruf: Im Coachinggespräch kommt es schließlich darauf an, sehr schnell auf den Punkt zu kommen, die richtigen Fragen zu stellen, die richtige Übung an der richtigen Stelle zu wählen. Mir ist klar, dass zum EG-Talent, das ich sicher schon als Kind hatte (»Nein, die Tante mag ich nicht!«), die Lebenserfahrung gekommen ist. Wenn Sie zehn Mal richtig lagen, trauen Sie sich beim elften Mal, laut Ihre Meinung zu sagen. Denn das muss zu den Grundlagen der Emotionalen Intelligenz dazugelernt werden: genügend Selbstvertrauen, die Sprache des Bauchs für andere zu übersetzen.

18

ERINNERE DICH AN DEINE ZIELE!

Erfolg ist das Losungwort unserer Zeit. Doch wer definiert Erfolg? Mein Vorschlag: Definieren Sie ihn selbst. Worin wollen Sie erfolgreich sein? Im Job? In der Liebe? In Ihrer Familie? In Ihrem Hobby? In Ihrer Gemeinde? In Ihrem Lebensstil? In Ihrer Zufriedenheit? Sie selbst sind das Maß. Es kommt nicht darauf an, was andere erreichen oder wie andere leben. Sie bestimmen Ihren Kurs und Ihr Ziel.

> **Es kommt nicht darauf an,**
> **was andere erreichen oder wie**
> **andere leben. Sie bestimmen Ihren**
> **Kurs und Ihr Ziel.**

Das fällt natürlich nicht leicht in einer Gesellschaft, die mit jedem Film, jedem Werbespot Maßstäbe setzt. In Unternehmen, die immer noch starre Hierarchieebenen vorgeben, die es erklimmen heißt, um mitentscheiden zu können. Das fällt nicht leicht unter dem Druck, den die Freunde aus der Clique, Eltern oder Verwandte vorgeben. Werde dies, werde das, mach dies, mach das … erinnern Sie sich an die guten Ratschläge? Die meisten Menschen können sich denen nicht entziehen. Dazu kommen die Rollenbilder, die immer noch in unserer Gesellschaft herrschen: Das macht man, das macht man nicht …

In Seminaren stoße ich immer wieder auf Teilnehmer/innen,

die ihren Beruf deswegen ausüben, weil jemand anderes dachte, das wäre das Beste für sie. Oder weil sie selbst dachten, für mehr nicht geeignet zu sein, oder gar größenwahnsinnig, falls sie dieses andere doch anstrebten.

Auch viele, die es vermeintlich zu etwas gebracht haben, sind nicht so zufrieden, wie wir es meinen könnten. Das hat unterschiedliche Gründe. Manche Jobs sind einfach vorbei, out, over. Oder: Der Erfolg, und der damit verbundene Aufstieg, entfernt uns immer weiter von dem, was wir eigentlich machen wollten.

> **Wer in einer Misere steckt, braucht dringend einen Ziel-Check-up.**

Stellen Sie sich eine erfolgreiche Person in einer leitenden Position vor. Sie könnte stolz sein auf das, was sie erreicht hat. Könnte eigentlich rundherum zufrieden sein. Und trotzdem »schnarcht« ihre Arbeit sie immer häufiger richtig an. Wer in einer solchen Misere steckt, braucht dringend einen Ziel-Check-up. Denn manchmal führt uns das Leben in eine Richtung, die zwar völlig okay ist, uns aber fast unbemerkt weit von unseren ursprünglichen Zielen entfernt.

Nun kann man sagen, prima, mein Ziel hat sich inzwischen geändert, oder wie der alte Brecht gesagt hat: »Wer A sagt, muss nicht B sagen. Er kann auch sagen, A war falsch.« Doch es kann auch sein, dass uns die Herausforderung oder die Routine, die Erwartung von anderen oder unsere eigene Trägheit genügsam gemacht hat und uns unsere Träume vergessen ließ. Die Transaktionsanalytikerin und Autorin Angela Seifert definiert erfüllte Ziele so: »Ein gelungenes Leben ist ein Leben, in dem ich mich wohl fühle, in dem ich in Frieden mit mir und der Welt bin und mir sagen kann: Ich habe mein Bestes gegeben, ich habe mich eingesetzt, ich habe mich eingelassen auf dieses Leben.«[29]

Die meisten Leute stellen so mit Mitte dreißig, Anfang vierzig ein Defizit fest: »Das kann doch nicht alles gewesen sein, was das Leben für mich bereithält! Soll ich die nächsten 25 Jahre immer dasselbe machen?« Und es schüttelt sie.

Peter Hofmann[30] ging es so. Er war 44 Jahre alt, erfolgreicher Manager in einem großen Computerkonzern. Frau, zwei Kinder, nach außen eine Bilderbuchkarriere. Aber er fühlt sich innerlich hohl. Es verschafft ihm keine Befriedigung mehr, immer höhere Vorgaben zu erfüllen, den Umsatz zu steigern. Er denkt: »Das, was ich mache, könnte auch jeder andere tun.« Da erfährt er von einer Stiftung, die sich zum Ziel gesetzt hat, Entwürfe für die Welt von morgen zu entwerfen, Schwerpunkt Ökologie. Und er spürt plötzlich wieder das Feuer in seinem Herzen, eine tiefe Sehnsucht. Ja, das wär's, da wäre er gern dabei. Er nimmt Kontakt auf, bekommt das Angebot für einen Forschungsauftrag. Er schafft es sogar, sein Unternehmen dazu zu bringen, ihn für zwei Jahre freizustellen, also ein langes »Sabbatical« zu nehmen. Peter Hofmann fühlt sich so lebendig wie schon lange nicht mehr. Und stürzt sich mit Feuereifer in die neue Aufgabe.

Die US-Forscherinnen Abigail J. Stewart und Elisabeth A. Vandewater haben in einer Studie herausgefunden, dass unerfüllte Lebenswünsche zum Gesundheitsrisiko werden können.[31] Sie haben festgestellt, dass beispielsweise Frauen, die ihre Lebensträume nie angepackt haben, mit Anfang 50 wesentlich depressiver, kränker und ängstlicher waren als die, die um die 40 noch einmal etwas Neues angefangen hatten.

Nicht ohne Grund ermöglichen immer mehr Unternehmen ihren Führungskräften die Möglichkeit, ein Sabbatical zu nehmen, als Vorbeugung gegen Burn-out und Herzinfarkt. Denn jede vierte Führungskraft in Deutschland mit einer Arbeitszeit von mehr als 50, 60 Stunden in der Woche ist gesundheitlich gefährdet, wie das Institut für Arbeits- und Sozialhygiene in Karlsruhe festgestellt hat.[32] Bei vielen Männern um die 50 kommt eine tiefe Traurigkeit dazu, weil sie zu wenig Zeit für ihre Kinder gehabt haben, ihre Entwicklung nicht verfolgen konnten und keinen »Draht« zu ihnen aufgebaut haben.

> **Wovon träumen Sie –
> heimlich? Gibt es da noch ein
> verborgenes Talent, das gefeiert
> werden will?**

Sie sehen, unerfüllte Lebenswünsche finden sich auf beiden Seiten, bei überforderten und unterforderten Menschen.

Wovon träumen Sie – heimlich? Gibt es da noch ein verborgenes Talent, das gefeiert werden will? Eine Sehnsucht, die gestillt werden will? Eine Herausforderung, die bewältigt werden muss? Denken Sie vielleicht daran, Ihr Hobby zum Beruf zu machen? Ihr Leben radikal zu verändern? Auszusteigen oder einzusteigen?

Übung: Traumtag

Erinnern Sie sich an die herrlichen Tagträume, die Sie als Kind hatten, als Sie davon träumten, Prinzessin, Zoowärter, Dirigent oder eine berühmte Eiskunstläuferin zu sein? Träumen Sie doch mal wieder. Setzen Sie sich hin, und malen Sie sich einen Tag in Ihren schönsten Träumen aus:

- Wie sieht ein solcher Tag aus?
- In welchem Land leben Sie?
- Wie sieht Ihr Haus aus?
- Mit wem leben Sie zusammen?
- Wen treffen Sie?
- Was tun Sie?
- Womit verdienen Sie Ihr Geld?
- Was lassen Sie ganz bestimmt sein!

Wenn Sie alles aufgeschrieben haben, schauen Sie sich die Details Ihres Traums einmal an: Wofür steht Ihr Wunsch, gerade an diesem Ort zu sein? Warum tauchen gewisse Leute aus Ihrer Umgebung gar nicht auf? Warum andere überraschend doch? Mit welcher verrückten Idee bestreiten Sie Ihren Lebensunterhalt? Was bedeuten die Details für Ihr Leben heute? Was können Sie davon umsetzen?

Alles ist möglich. Wenn Sie es sich zugestehen. Das Leben ist zu kurz, um Träume ständig zu verschieben! Die Unternehmen sind zu voll mit Menschen, die nur auf Sparflamme laufen, die »eigentlich« lieber etwas ganz anderes machen würden.

Das Leben ist zu kurz, um Träume ständig zu verschieben!

Oft schaffen wir es nicht, neben unserer Arbeit, im stressigen oder langweiligen Alltag, unsere Träume zu entwickeln. Dann macht es Sinn, sich eine Auszeit zu nehmen. Die bekannte Fernsehmoderatorin Sandra Maischberger gönnte sich mal eine solche Auszeit: Sie beendete ihren Vertrag als Moderatorin von *Spiegel TV,* nahm sich ein Sabbatical und reiste acht Monate mit ihrem Freund um die Welt, nächtigte unter Palmen auf einsamen Eilanden oder im Jeep in der australischen Wüste. Ihr Fazit: »Es war eine Regeneration für die Seele, den Kopf und den Körper. Ich habe eine andere Ruhe bekommen ... Im Kopf bin ich reicher geworden.«[33]

Manchmal braucht man eine Auszeit, um den eigenen Zielen auf die Spur zu kommen oder sich zu erinnern.

Manchmal braucht man eine Auszeit, um den eigenen Zielen auf die Spur zu kommen oder sich zu erinnern:

- Fragen Sie nach: Bietet Ihre Firma ihren Mitarbeitern Sabbaticals, also verlängerte bezahlte oder unbezahlte Urlaube, damit sie auftanken können und mit neuer Kraft zurückkehren? Könnten Sie sich vorstellen, mal für ein halbes Jahr »auszusteigen«?

Was ist Ihr Lebensziel?

Um Klarheit zu gewinnen, können Sie für sich folgende Fragen beantworten:

- Welcher Artist/welche Artistin wären Sie gern in einem Zirkus – und warum? Welches Gefühl wäre damit verbunden?
- Was glauben Sie, welche Aufgabe Sie für Ihr Leben mitbekommen haben?
- Welche Schlagzeile sollte über Sie in fünf Jahren in einer guten Zeitung stehen?
- Was müsste in Ihrem Leben passieren, damit Sie sagen können: »Ja, genau so ist es richtig!«?

- Manchmal reicht schon ein längerer Urlaub, den man anders als sonst verbringt, mit weniger Ablenkung und mehr Zeit für sich selbst, um wieder zu sich und seinen Zielen zu finden. Wichtig dabei: auch über die Umsetzung nachdenken und die Ideen aufschreiben. Sie verflüchtigen sich im Alltag sonst schnell wieder.
- Töpfern in der Toscana – der Inbegriff des belächelten Kreativurlaubs. Aber manchmal eine wunderbare Möglichkeit, zu sich zu kommen, sich wieder zu spüren, seinen Körper wahrzunehmen, auf andere, wichtige Gedanken zu kommen. Das gleiche gilt für Mal-, Tanz- oder Singurlaube.
- Sie können gerade nicht in Urlaub gehen oder brauchen die Zeit für Ihre Familie? Dann gönnen Sie sich wenigstens ein

Wochenende zum Relaxen und Nachdenken. Wandern Sie auf eine Hütte oder lassen Sie sich in einem Wellnesshotel verwöhnen.

- Spielen Sie einen Tag lang Tourist in Ihrer eigenen Stadt oder verabreden Sie sich mal drei Tage nicht. Geben Sie Ihrem Unterbewusstsein eine Chance, Ihnen Botschaften zu schicken.

- Dafür reichen manchmal schon Minuten: Tanzen vor der Stereoanlage beispielsweise oder im Flamencokurs; Spazierengehen oder Joggen; eine Massage oder ein Gespräch mit einem Coach. Tun Sie wenigstens einmal das, was Sie sich schon immer vorgenommen haben.

- Einzige Voraussetzung für das Gedankenspiel: zugeben, dass man sich vom Leben noch anderes verspricht, dass Alternativen denkbar sind.

Mein persönliches Erfolgsgeheimnis

Ich bin ein Mensch, der sich leicht von Aufgaben »ködern« lässt. Eine Anfrage hier, ein Auftrag da, klar, gerne, mach ich. Mein Erfolg stieg dadurch ständig, keine Frage. Aber die Last auf meinen Schultern auch. Meine Umgebung wurde manchmal wahnsinnig an mir. Gerade noch hatte ich beschlossen, in Zukunft weniger zu arbeiten, da lockte mich schon ein neues Projekt. Ich sagte begeistert zu – und mein Ziel war wieder in weite Ferne gerückt. Gerade hatte ich beschlossen, an diesem Wochenende mal wieder gar nichts zu machen, schon kam am Freitag eine Anfrage, »… bräuchten wir aber bis Montag«. Überhaupt kein Problem, Sabine Asgodom macht das schon. Und wieder saß ich das ganze Wochenende am Schreibtisch. Kaum hatte ich mir im August vier Wochen Urlaub in meinen Kalender eingetragen und Pläne mit meiner Familie geschmiedet, kamen die ersten Termine dazwischen: *Also in der dritten Augustwoche muss ich wieder hier sein. Oder: Könnten wir auch vier Tage später fahren?*

Ich habe lange gebraucht, diese Faszination des Machbaren einzuschränken. Ich selbst musste mir Sätze sagen wie: »Hallo? Ist dies das Leben, das du dir immer erträumt hast? Warum tust du das immer wieder?« Und mir musste auch klar werden: »Was mutest du denen, die dich lieben, damit zu?«

Ich habe in dieser Zeit mal ein »Aura-Foto« von mir machen lassen. Vielleicht kennen Sie das, da wird mit einer Art Wärmebild-Kamera die Körper-Ausstrahlung dargestellt. Ich war neugierig, was es da zu sehen gäbe. Das Ergebnis: Blau und grün, alles blau und grün mit einem Klecks Weiß. An sich nicht schlimm, nur das Fehlen jeglichen Rots oder Oranges oder Gelbs machte mich stutzig – Farben, die für Lebensfreude, Liebe und Leidenschaft stehen. Ganz unabhängig davon, was man von der Methode hält, ich wusste, dass ich da wirklich ein Defizit hatte. Arbeit, Arbeit, Arbeit stand im Mittelpunkt meines Lebens. Und verdrängte mein langjähriges Ziel: Ich wollte doch immer alles – Liebe und Erfolg, Leidenschaft und Anerkennung … »Für mich soll's rote Rosen regnen«, sang mal Hildegard Knef –, das ist mein Lied!

Die Sache mit dem Aurafoto brachte mich zum Nachdenken, ich kam endlich wieder »zu mir«, wie ich heute sehe. Ich sagte einen Tag später zwei Projekte ab, die mich zeitlich und kräftemäßig auf Monate ausgelaugt hätten. Und war anschließend so froh wie schon lange nicht mehr. Natürlich macht das auf Dauer den Ruf kaputt, wenn man Zusagen nicht einhält (und bringt die Projektpartner in Schwierigkeiten). Deshalb achte ich seither darauf, mit meinen Zusagen vorsichtiger zu sein, mir mein Ziel vor Augen zu führen und es zum Maßstab meiner Entscheidung zu machen.

19

SUCHE ALTERNATIVEN!

Wenn Sie in Ihrem Leben mit Ihren Zielen wirklich erfolgreich sein wollen, dann müssen Sie wissen, es gibt zu allem eine Alternative:

- Mein Job ist wirklich prima, aber da draußen gibt es noch ein halbes Dutzend andere Möglichkeiten.
- Diese Entscheidung, gut, ich habe sie gefällt, aber es hätte noch andere Möglichkeiten gegeben.
- Dieses Angebot ginge klar, aber ich kann sicher noch was Besseres rausschlagen.
- Mein Beruf ist in Ordnung, ich habe ihn auch viele Jahre ordentlich ausgeführt, aber ich könnte auch etwas ganz anderes machen.
- Ich bin jetzt arbeitslos. Aber ich kann einen Job finden.
- Dieser Standpunkt, zu dem stehe ich. Aber ich kann mir vorstellen, dass andere Menschen andere Sichtweisen haben. Ich bin pleite, aber ich kann mir Wege suchen, zusätzlich Geld zu verdienen.
- Diese Stadt ist schön, aber es gibt noch so viele interessante Orte auf dieser Welt.

Erst wenn Sie Alternativen für möglich halten, können Sie alle Chancen dieser Welt ausschöpfen. Weil Ihre Erfolgsphantasie weiter und bunter ist. Weil Sie Unmögliches denken und vielleicht sogar machen. Weil Sie sich aus festgefahrenen Routen lösen und neue Wege gehen. Weil Sie die anderen überraschen und überzeugen. Mit dem Wissen um Alternativen können Sie:

1. Ihre Lebensfreude steigern
2. Ihren Erfolg vergrößern
3. Mehr Freiheit erringen
4. Offener und neugieriger werden.

**Erst wenn Sie Alternativen
für möglich halten, können Sie
alle Chancen dieser Welt
ausschöpfen.**

1. So können Sie Ihre Lebensfreude durch alternatives Denken steigern: Stellen Sie sich vor, Sie müssen mal wieder warten, beim Arzt oder auf einem Amt. Natürlich können Sie sich jetzt ärgern und schimpfen und Ihre Magensäure die Speiseröhre emporkriechen lassen. Sie könnten aber auch die Zeit nutzen: sich eine Zeitung oder Zeitschrift kaufen, zu deren Lektüre Sie sonst nie die Muße finden. Oder Sie nehmen sich vorsorglich gleich ein spannendes Buch mit. Oder sie schreiben etwas auf: Gedichte oder kleine Geschichten, die Urlaubsplanung oder das Kurzkonzept für Ihre nächste Präsentation. Wichtig ist nur: sich auf die Alternative vorbereiten, etwas zu lesen oder Papier und Stift mitzunehmen. Denken Sie daran: Sie haben immer die Alternative, sich nicht zu ärgern!

Sie sind extra früh aufgestanden, weil Sie einen Termin haben. Als Sie ankommen, stellen Sie fest, dass Sie eine Stunde zu früh dran sind. Sie können sich jetzt natürlich darüber ärgern, dass Sie eine Stunde hätten länger schlafen können. Sie haben aber auch die Alternative, sich über diese geschenkte Stunde zu freuen, spazieren zu gehen oder in einem netten Café ganz in Ruhe einen Milchkaffee zu trinken.

2. So können Sie Ihren Erfolg durch alternatives Denken steigern: In Ihrem Unternehmen dauern Entscheidungen über die Anschaffung von Dienstwagen oder Bleistiftspitzern rund drei Wochen. Da werden Angebote eingeholt und verglichen, Bedürfnisse abgefragt und bewertet. Jemand hat mal ausgerechnet, dass allein die Beschaffung eines Druckers über 400 Euro kostet, also oft mehr als den Kaufpreis, wenn man die Arbeitszeit der Beteiligten ausrechnet. Machen Sie einen Vorschlag, wie diese Praxis positiv verändert werden könnte: Entweder darf der Nutzer seine Geräte – in einem festgelegten Rahmen – selbst aussuchen, das spart in jedem Fall Hunderte von Euro. Oder es wird eine Firma, z. B. übers Internet, gefunden, die in Zukunft Best-Price-Angebote von Büroanbietern recherchiert und innerhalb von zwei Tagen die Bestellung erledigt. Oder ... Vielleicht haben Sie eine viele bessere Idee. Nur ran.

Alternativ denken heißt dabei immer, nach allen Seiten offen zu sein. Das eine und einzige Erfolgsrezept gibt es nicht! Zwei Beispiele: »Von Aldi lernen« nannte das Wirtschaftsmagazin *Bizz* vor einiger Zeit eine Geschichte über die Vereinfachung von Prozessen und Entscheidungen in Unternehmen[34]. Denn beim Billigkaufmann heißt das Erfolgsrezept »Einfachheit«. Bestes Beispiel: Bei Aldi wurde noch nie ein Budget festgelegt, wie viel Umsatz eine Filiale zu machen habe. Geschätzter Jahresumsatz von Aldi: 17,5 Milliarden Euro. Der Ex-Aldi-Manager Dieter Brandes hat ein chinesisches Lieblingssprichwort: »Höchste Kunst ist dann erreicht, wenn man nichts mehr weglassen kann.«

Erfolgreiches Gegenbeispiel: Bertelsmann, eines der größten und erfolgreichsten Verlagshäuser der Welt. Dort wird kein Projekt gestartet, keine Abteilung ins neue Geschäftsjahr entlassen ohne einen Business-Plan mit ganz genauen Vorgaben und ständiger Kontrolle, wie weit man über oder unter Plan liegt.

Sie sehen, das eine Führungsmodell kann genauso erfolgreich sein wie das andere. Glauben Sie niemandem, der Ihnen einreden will, es gäbe keine Alternative.

3. So können Sie mehr Freiheit durch alternatives Denken erringen: Nur wer Alternativen kennt, hat die Freiheit zu entscheiden. Bestes Beispiel ist die Erziehung. Ich habe festgestellt, lässt man Kindern die Alternative zwischen zwei Möglichkeiten, sind sie bereit, eine der beiden zu akzeptieren. Fragen wir sie zum Beispiel: »Möchtest du vorm Schlafengehen eine Geschichte von Pipi Langstrumpf oder Benjamin Blümchen hören?«, rufen sie: »Pipi, Pipi!« Sagen wir dagegen: »Marsch, ins Bett«, geht das Theater los.

Bei Erwachsenen ist es nicht viel anders. Niemand möchte sich permanent vorschreiben lassen, was er zu tun hat. Stehen Alternativen offen, ist die Motivation wesentlich höher. Auch für die Selbstmotivation ist Entscheidungsfreiheit enorm wichtig.

Alternativen entwickeln

Überlegen Sie vor einem wichtigen Schritt, wie Alternativen aussehen könnten. Schreiben Sie alle untereinander. Zum Beispiel:

- die mutigste,
- die, die Ihre Mutter wählen würde,
- die verrückteste,
- die billigste,
- die teuerste,
- die, zu der Ihr Vater raten würde,
- die einfachste,
- die aufwendigste,
- die konservativste,
- die, für die Sie enterbt würden,
- die lustigste.

Vielleicht kommen Sie dadurch auf die Jahrhundert-Idee!

Wenn aus einem »Ich muss ja« ein »Ich entscheide mich« wird, gehen wir doch viel schwungvoller an die Sache heran. Fragen Sie sich bei allen lästigen Arbeiten einmal, ist es nur ein »Muss«? Oder ist es Ihre Entscheidung, es zu tun? Das Tolle daran: Wenn es Ihre Entscheidung ist, können Sie sich ja auch dagegen entscheiden – müssen dann allerdings auch die Konsequenzen tragen. Entscheidungsfreiheit ist für mich eine der Grundlagen für Lebenserfolg!

4. So können Sie Offenheit und Neugier durch alternatives Denken steigern: Wer starr immer nur die eine Margarinesorte isst, wird nie erfahren, ob es eine andere gibt, die ihm besser schmecken würde. Falten Sie doch mal kurz die Hände, und schauen Sie sich dann Ihre Daumen an: Welcher liegt oben? Wetten, dass es bei 100 spontanen Versuchen immer der gleiche sein wird? Es wird Ihnen wahrscheinlich schwer fallen, die Hände so zu falten, dass einmal der andere oben liegt (machen Sie sich keinen Knoten in die Finger). Was für ein komisches Gefühl, irgendetwas stimmt nicht. Etwas hat sich verändert, unsere Aufmerksamkeit wächst, unsere Wahrnehmung wird geschärft. Können Sie sich vorstellen, dass sich in Ihrem Leben, in Ihrem Lebensgefühl etwas ändern könnte, wenn Sie offen für Alternativen sind? Könnte es nicht eine Menge Spaß machen, neugierig zu sein, etwas Neues auszuprobieren?

Das bedeutet aber auch: loslassen können, aus eingelaufenen Bahnen herauskommen. Und das ist gar nicht so leicht: sich von einer schlechten Gewohnheit verabschieden, sich von Leuten trennen, die uns schaden, ein Projekt beenden, das nur Verluste bringt, Aktien verkaufen, die in den Keller rumpeln, einen Job beenden, der uns unglücklich macht. Woran liegt unsere Zögerlichkeit? »Trennen heißt meistens Vertrautes loslassen und sich in Unvertrautes hineinwagen, das macht uns Angst oder Wut, erfüllt uns mit Gefühlen von Unsicherheit und Verlassenheit«, sagt die Psychotherapeutin Verena Kast[35]. Dazu kommen noch die Angst vorm Scheitern, also die Angst vor Gesichtsverlust, und die eigene Eitelkeit.

Da macht es Sinn, schon am Anfang jeden Projekts, jeder Entscheidung die Alternative wenigstens anzuschauen: Der Job kann uns bombig nach oben bringen, es kann aber auch schief gehen. Diese Aktie soll angeblich der Renner sein, ich darf sie aber nur kaufen, wenn ich auch bereit bin, Geld zu verlieren. Manche Menschen mögen solche realistischen Ansätze nicht und mögen auch die Leute nicht, die ihnen »den Spaß verderben wollen«. Doch wer beide Möglichkeiten im Blick hat, bricht nicht zusammen, wenn die weniger angenehme eintritt. Sondern mit dem Wissen um Risiken und Alternativen wird der Spaß größer, etwas Neues auszuprobieren.

Mein persönliches Erfolgsgeheimnis

Ich bin von Natur aus kein neugieriger Mensch. Lese selten Klatschseiten, und es interessiert mich nicht wirklich, ob meine Nachbarin im 3. Stock Streit mit ihrem Ehemann hat. Es ist für mich unverständlich, wie man am Telefon stundenlang über Familieninternas reden kann. Man könnte sagen, ich bin furchtbar konservativ, kaufe stets die gleiche Butter im stets gleich teuren Supermarkt, wasche seit Jahren mit dem gleichen Waschmittel, kein Sonderangebot kann mich umstimmen. Stelle nie meine Möbel um, tapeziere nicht jährlich neu, sondern liebe meine weiße Raufaser. Und ich bin seit 28 Jahren mit dem gleichen Mann verheiratet. Wie langweilig.

Doch sosehr ich die Kontinuität im heimischen Nest brauche, so offen bin ich für Alternativen in meinem Job. Ich habe immer schon versucht, andere Ideen einzubringen, mal etwas anders zu machen, etwas Neues auszuprobieren. Meine Erfahrung damit: Auch wenn diese Idee nicht unbedingt besser war, ja, selbst wenn die neue Form ein totaler Schwachsinn war, es hat noch nie geschadet, sie auszuprobieren. Und wenn der Gewinn nur darin liegt, dass man hinterher sicher weiß, was man nicht braucht. Ich weiß, dass die meisten Menschen Angst haben, beispielsweise in Sitzungen einen Alternativgedanken zu äußern, »Was sollen die denn von mir denken?« Aber ich bin auch sicher, dass dadurch viele gute Ideen verloren gehen.

Sich der Alternativen bewusst sein potenziert die Wonne des Frei-entscheiden-Könnens!

Das gilt auch für Entscheidungen. Ich setze da auf Spontaneität. Ich habe keine Geduld, hundert Jahre zu warten, ob das jetzt gemacht wird oder nicht. Lieber versuche ich etwas Neues, als aufgrund der vielen Überlegungen etwas zu verpassen. Natürlich immer mit dem Risiko, dass die Entscheidung falsch war, aber zum Thema »Fehler machen« kommen wir noch in einem der nächsten Kapitel.

Mein Fazit: Sich der Alternativen bewusst sein potenziert die Wonne des Frei-entscheiden-Könnens! Mein schönstes Beispiel: In meiner Ehe wurde ich erst in dem Moment richtig glücklich, als ich wusste, ich kann auch allein leben und glücklich sein – aber ich entscheide mich dafür, mit meinem Mann zusammen zu sein und noch mehr Glück zu erleben. Welche Wonne!

20

INVESTIERE IN DEINE GESUNDHEIT!

Haben Sie schon einmal einen Geiger beobachtet, wie sorgfältig er mit seinem Instrument umgeht? Wie einen wertvollen Schatz hält er die Geige behutsam im Arm, schlägt sie in weichen Samt und verstaut sie sorgfältig in seinem Futteral, wenn er seine Arbeit erledigt hat. Und: Egal, wie gut er schon spielen kann, er wird sein Leben lang üben. So ähnlich sollten wir in unsere Gesundheit investieren:

1. Uns liebevoll um unser »Instrument« kümmern, nämlich um uns selbst, unseren Körper, unseren Geist und unsere Seele.
2. Unsere Fingerfertigkeit trainieren.
3. Zwischen den Auftritten Ruhezeiten einhalten.

Pflege dein wichtigstes Instrument: dich selbst!
Wie gehen wir oft mit unserem Körper um: Wir gehen zu spät schlafen; essen zu wenig oder zu viel oder das Falsche; bewegen uns zu wenig; setzen uns permanentem Druck und Stress aus; verpassen es, uns zu erholen; laufen ständig auf Hochtouren.

Jedes Auto, um wiederum einen Vergleich zu wählen, würde nach kürzester Zeit eine Panne haben, wenn wir den falschen Treibstoff tanken, das Kühlwasser nicht auffüllen, immer nur im 5. Gang Vollgas fahren, dazu auch noch die fälligen Inspektionen versäumen. Aber mit uns können wir es ja machen.

Oder eben nicht. Wenn wir gesund, fröhlich und leistungsfähig bleiben wollen, sollten wir sehr intensiv auf unseren Motor hören und auf das Getriebe, sollten uns pflegen und in Schuss halten. Damit uns nicht passiert, was nach Wissenschaftleraussagen jetzt schon jeden dritten Arbeitnehmer plagt: Erschöpfung, Nervosität und Ausgebranntsein[36].

**Das »Tu-dir-Gutes-Programm«
in fünf Schritten mit Selbstachtungs-Garantie:**

1. Schritt:
Iss das Richtige!

2. Schritt:
Schlaf dich aus!

3. Schritt:
Beweg dich!

4. Schritt:
Suche Ruhe!

5. Schritt:
Belohne dich!

Der erste Schritt: Iss das Richtige!

Ob dick oder dünn gerade »in« ist, das ist eine Modeerscheinung, aber: Gesund sein ist die beste Voraussetzung für ein aktives, erfolgreiches Leben. Deshalb heißt es nicht Kalorien zu zählen, sondern darauf zu achten, dass der Körper die Grundstoffe bekommt, die ihn »rund laufen« lassen: Vitamine, Proteine, Ballaststoffe und Co. Den verhängnisvollen Jo-Jo-Effekt von Diäten kennt inzwischen ja wohl jeder. Deswegen heißt es: die möglichst gesunde Ernährungsweise finden, die den höchstmöglichen Genuss bietet. Denn vom ständigen Kasteien bekommt man nur Falten.

Bei jeder Ernährungsweise nicht vergessen: trinken, trinken, trinken. Wasser natürlich. Unser Körper besteht zu über 75 Prozent aus Wasser, und er braucht ständig Nachschub. Schon wenn Sie ein Durstgefühl spüren, haben Sie zu wenig Flüssigkeit im Körper, wird Ihr Hirn nicht richtig durchblutet. Experten behaupten deshalb: Nicht trinken macht dumm! Also versuchen Sie, jeden Tag möglichst acht Glas Wasser zu trinken, bei guter Qualität ruhig auch aus der Leitung, und Sie sind fit.

Der zweite Schritt: Schlaf dich aus!

Gesund bleiben heißt auch, genügend Schlaf zu bekommen. Wir leben in der schlaflosen Gesellschaft, wie Wissenschaftler nachgewiesen haben. »Die meisten Menschen ignorieren ihren biologischen Rhythmus«, meint beispielsweise der bekannte Schlafforscher Jürgen Zulley von der Psychiatrischen Klinik der Universität Regensburg. »Wir sind nicht nur subjektiv müder, sondern leisten auch weniger, machen mehr Fehler und verursachen Unfälle.« Auf 10 Milliarden Euro schätzen Fachleute die Schäden, die jedes Jahr in der Bundesrepublik durch Übermüdung entstehen.[37] Häufigste Gründe: Zeitumstellungen nach Reisen, Schichtdienst und das wachsende Unterhaltungsangebot per TV oder PC. Dazu kommt in letzter Zeit eine verhängnisvolle Angeberei: »Ich brauche nicht mehr als vier Stunden Schlaf«, tönen

viele erfolgreiche Manager und setzen damit Maßstäbe. Lang-
schläfer gelten als labil und nicht einsatzfähig, faul und erfolgs-
feindlich. Welcher Wahnsinn, wenn man weiß, dass hinter an-
haltender Schlaflosigkeit sehr oft eine andere Krankheit steckt,
meistens eine Depression, wie US-Wissenschaftler herausgefunden haben.[38]

**Investieren Sie in Ihre Gesundheit:
Schlafen Sie ausreichend.**

Investieren Sie in Ihre Gesundheit: Schlafen Sie ausreichend. Es
stimmt zwar, Napoleon brauchte auch nur vier Stunden Schlaf
pro Nacht, aber was ist aus ihm geworden!? »Wer schlecht
schläft, hat im Beruf weniger Erfolg«, behauptet sogar der Vorsit-
zende der Deutschen Gesellschaft für Schlafforschung und
Schlafmedizin Göran Hajak. Seine Studien hätten ergeben, dass
»schlechte Schläfer doppelt so häufig in unteren Gehaltsstufen
hängen bleiben, während gute Schläfer Karriere machen, mehr
verdienen und weiterkommen.«[39]

Der dritte Schritt: Beweg dich!

Ein heißer Gesundheitstrend in Managementkreisen ist derzeit
das Laufen. Wer heute nicht mindestens einen Marathon mitge-
laufen oder einen »Ironman«, also einen Triathlon erfolgreich ab-
solviert hat, traut sich ja kaum noch, das Wort, geschweige denn
eine Abteilung zu führen. Am Rande: Die These, dass nur Menschen, die regelmäßig beim Joggen in den »Flow« kommen, glücklich und erfolgreich sein können, ist natürlich äußerst gewagt.

Trotzdem macht es Sinn, unseren Körper nicht nur zum Sitzen zu benutzen, sondern die Muskeln regelmäßig in Trab zu bringen. Dutzende von Untersuchungen beweisen, dass sich durch regelmäßigen Sport nicht nur die physische Befindlichkeit verbessert, sondern auch die psychische. Kurz: Sich bewegen macht nicht nur gesund, sondern auch gute Laune!

Bleiben Sie deshalb beweglich, wie, ist völlig egal: ob Sie durch die Küche tanzen oder im Tangokurs, ob Sie Trampolin springen oder schwimmen, wandern oder Rad fahren, mit Ihren Kindern herumtollen oder eine asiatische Kampfsportart erlernen. Hauptsache: raus aus dem Fernsehsessel. Übrigens: Allein das häufige Laufen, das nötig wird, weil Sie acht Glas Wasser trinken, reicht nicht.

**Bleiben Sie beweglich,
wie, ist völlig egal.**

Wichtig bei jeglicher Aktivität: Entwickeln Sie keinen krampfhaften Ehrgeiz. Wer sich fünf Mal in der Woche abends im Fitnessstudio quält, arbeitet weiter, nur an anderer Stelle. Workaholics finden sich im Büro wie am Stepper. Bauen Sie den Spaßfaktor mit ein. Und dann ran. Sie wissen doch: Wer rastet, der rostet.

Der vierte Schritt: Suche Ruhe!

Da der Gegenspruch heißt: »Sport ist Mord«, hier gleich das Gegenprogramm: Suchen Sie immer wieder Möglichkeiten, innezuhalten, zu sich zu kommen, Ruhe zu finden. Rastlosigkeit erhöht den Verschleiß wichtiger Teile, nicht nur beim Auto. Wir werden zu Turbo-Managern, Highspeed-Spezialisten und Schnell-Lesern getrimmt. Während Kunden einem Unternehmen früher für die Beantwortung eines Briefes eine Woche zugestanden, erwarten Schreiber einer E-Mail eine Antwort bereits innerhalb von 24 Stunden, Tendenz nach unten. Sogar Bill Gates jammert über Hektik und Zeitmangel: »Es scheint, als ob alles auf der Welt im Fünfminutentakt funktioniert.«[40]

Setzen Sie Ihr eigenes »Daily Inspiration Program« dagegen. Klingt doch gut (vor allem, weil's englisch ist). Mit diesem täglichen Ruheprogramm haben Sie immer eine gute Antwort parat, wenn Sie gefragt werden, ob Sie vielleicht nichts zu tun hätten. »Im Gegenteil. Ich arbeite gerade an meinem Daily Inspiration Program.« »Oh, Entschuldigung, ich wollte nicht stören.«

Gönnen Sie sich ein Päuschen zwischendurch, einen Schwatz, einen langen Blick aus dem Fenster, ein kurzes Herabsinken des Kopfes. In einigen fortschrittlichen Unternehmen werden schon ganz offiziell Ruhezonen für kleine Nickerchen ausgewiesen!

Auch in Ihrer Freizeit sollten Sie den Ruhe-Faktor einbauen: Mal nichts tun, mal einfach vor sich hin gucken, mal keinen Einschaltknopf betätigen, weder von Fernseher, Waschmaschine, PC oder Handy. Die innere Einkehr wird Ihnen nicht nur helfen, zu Kräften zu kommen, sondern sie ermöglicht auch Ihrem Unterbewusstsein, Ihnen Lösungen für Probleme zu schicken, Klarheit zu gewinnen und den Überblick zu behalten.

Der fünfte Schritt: Belohne dich!

Seien Sie gut zu sich bedeutet auch: Belohnen Sie Ihren Körper und Ihre Seele. Zum Beispiel auf Reisen: Da Berührung immer noch das Wohlfühlmittel Nummer eins ist und man ja nicht unbedingt den Hotelportier um Handreichung, sprich um eine Umarmung, bitten möchte – gönnen Sie sich nach einem langen Geschäftstag eine Massage oder eine Kosmetikbehandlung, oder verwöhnen Sie Ihre Haut mit einem erfrischenden oder entspannenden Bad.

**Belohnen Sie Ihren Körper
und Ihre Seele.**

Kennen Sie Waterbalancing? In warmem Wasser werden Sie von einem Spezialisten wie ein Baby hin und her gewiegt, über Wasser gehalten, sanft gedreht, massiert, auf Wunsch auch unter Wasser gedreht und geschwungen. Durch die Leichtigkeit, die das Wasser erzeugt, fühlt man sich in einer wonnevollen Schwebe. Ohne selbst etwas tun zu müssen, ist man hinterher wie »neugeboren«. Probieren Sie's aus, wenn Sie irgendwo die Chance haben, es ist fantastisch.

Hör niemals auf zu lernen!
Üben, üben, üben führt nicht nur in der Musik zur Meisterschaft oder im Sport, sondern auch im Beruf: Deshalb: Bleiben Sie im Training! Ruhen Sie sich nicht auf Ihren Lorbeeren aus. Investieren Sie in Ihren Geist. Bewegen Sie Ihre kleinen grauen Zellen. Treiben Sie Gehirnjogging.

Nehmen Sie sich beispielsweise vor, jeden Monat etwas Neues zu lernen. Fragen Sie einen Experten, der sich in dem Feld auskennt, in dem Sie sich verbessern wollen. Setzen Sie sich immer wieder Lernziele. Wer denkt, dass er schon alles weiß, verliert seine Fingerfertigkeit, macht Patzer, wird irgendwann ausgebuht.

> **Bleiben Sie im Training!**
> **Ruhen Sie sich nicht auf Ihren**
> **Lorbeeren aus.**

Mein persönliches Erfolgsgeheimnis

Ich habe lange gebraucht, bis ich die Verantwortung für meinen Körper und meine Gesundheit übernommen habe. Zu lange habe ich nur auf andere gezeigt: Die sind schuld, dass ich so dick bin, keine Zeit für Sport und Bewegung habe. Bis mir klar wurde, dass nur ich die Folgen tragen werde, irgendwann, niemand sonst. Und dass es ziemlich kindisch, ach was, bescheuert ist zu sagen: »Siehste, das haben die jetzt davon!«

Nachdem ich die ersten fünfzehn Jahre meines Erwachsenenlebens mit Diäten verbracht und mich drei Mal selbst weggehungert hatte (ich besaß zeitweise eine Wespentaille, wirklich!), siegte der Jo-Jo-Effekt und damit ein Lebendhöchstgewicht, das eindrucksvoll war!

Mit 38 beschloss ich dann, mich esstechnisch überhaupt nicht mehr einzuschränken, Moden und Vorurteile hin oder her. Ich bin ich. Oder wie ein Buchtitel mal propagierte: Ich bin rund, na und. Eine herrliche Zeit der Speckknödel und Schwarzwälder Kirschtorten, vorbei das Kalorienzählen und Schmachten. Für meine seelische Gesundheit eine sehr wichtige Zeit. In der ich auch entdeckte, wie viel Energie ich plötz-

*lich besaß, die ich zuvor in das ewige Wiegen und Wägen verpulvert
hatte.*

*Psychologisch könnte man diese Phasen so erklären: Nach den Jah-
ren der Anpassung, des Bravseins, folgte die Zeit der Rebellion. Eine
späte Pubertät, aber immerhin. Was fehlte, war die dritte Phase: das
Erwachsenwerden, die Selbstbestimmung. In dieser Phase befinde ich
mich jetzt seit knapp einem Jahr. Als ich endlich klug genug wurde zu
erkennen, dass die Bestrafungsarie Unsinn ist, die Hungerei mir aber
auch für immer und ewig vergällt war, suchte ich nach dem dritten
Weg. Denn wem macht es schon Spaß, beim Treppensteigen zu stöhnen wie Sally in dem Film »Harry and Sally« (Sie wissen schon: »Ich
möchte das Gleiche wie die Dame dort.«). Und zu wissen, dass dieses
Stöhnen nicht von der Lust, sondern von der Last kommt. Also ließ ich
mich Anfang des Jahres (von wegen gute Vorsätze und so) drei Tage
lang in einem Krankenhaus von Kopf bis Fuß durchchecken. Ergebnis:
Die meisten Werte waren ganz okay. Der Zuckerwert war mau. Tendenz: Bei weiterer Völlerei fragen Sie Ihren Arzt oder Apotheker.*

*Also beschloss ich – endlich –, die Verantwortung für mich selbst zu
übernehmen und damit für meine Gesundheit. Da es ja keine Zufälle
in diesem Leben gibt, fiel mir just in dieser Zeit ein Buch in die Hände:
»Zucker-Knacker«.[41] Ein Buch über eine Diät? Nein, über eine andere Ernährungsweise, die, kurz zusammengefasst, vollständig auf Zucker und Weißmehl und weitgehend auf Stärkeprodukte verzichtet. Ich
bin keine Expertin, ich weiß nicht, ob diese Diät der Weisheit letzter
Schluss ist. Ich weiß nur, dass ich alles völlig logisch fand, was ich da
las, und dass mir das Gelesene vernünftig erschien.*

*Von dem Tag an, als ich das Buch in einem Rutsch gelesen hatte,
veränderte ich meine Ernährungsweise und nahm innerhalb von drei*

Monaten elf Kilo ab. Das war für mich der eine sehr erfreuliche Nebeneffekt, das Wichtigere war: Noch nie haben ich und meine Familie so gesund gegessen wie seither. Und ich habe mir automatisch einige Unarten abgewöhnt: zum Beispiel abends beim Fernsehen mal eben eine Tafel Schokolade einzuatmen. Oder mich beim Schreiben am Computer mit Tonnen von Kartoffelchips zu dopen. Das »Mal-so-nebenbei-Essen« hat aufgehört.

Ich liebe seither die Mittagsbuffets in Hotels, in denen ich wegen meiner vielen Reisen viel Zeit verbringe, weil ich da immer Salate und Gemüse satt, Fisch und Huhn in Mengen finden kann. Und hinterher frisches Obst (manchmal muss es trotz alledem Rote Grütze sein, aber das macht auch nichts).

Die Abnahme hat sich zwar schwer verlangsamt, weil ich doch nicht ganz »lupenrein« nach dem Buch lebe, bei Einladungen nicht telegrafisch vorab um Vollkornnudeln bitte und statt einem »Schluck« Rotwein gern mal ein großes Glas oder ein Viertele trinke. Aber insgesamt hat sich meine Ernährungsweise verändert. Ich merke, dass ich schneller satt werde und mein Appetit auf »Gesundes« extrem gestiegen ist. Außerdem habe ich wieder Spaß an Bewegung: Ich traue mich wieder ins Schwimmbad (wo doch Wasser mein Element ist!), laufe mir auf dem Tennisplatz die Lunge aus dem Leib oder hüpfe, wenn ich dran denke, morgens eine Runde auf meinem Minitrampolin und singe.

Fazit: Ich fühle mich so wohl in meiner Haut wie schon lange nicht mehr. Auch weil ich endlich aus der Trotzphase raus bin, mit Ende 40. Zeit war's!

21

SEI NEIDISCH!

Also, das ist ja wohl das letzte Erfolgsgeheimnis, das Sie in diesem Buch erwartet hätten. Neidisch – das soll erstrebenswert sein? Natürlich kennen wir alle dieses nagende Gefühl am eigenen Selbstbewusstsein, diese weinerliche innere Stimme: »Warum die, warum der, warum nicht ich?« Neid ist die deutsche Form der Anerkennung, heißt es sarkastisch. Und wir leben in einer Neidgesellschaft, in der man den Besitzenden und Erfolgreichen ihre Errungenschaften nicht gönnt. Und das soll gut sein? Neid ist eine der Grundemotionen des Menschen. Schon in der Bibel ist davon geschrieben. Nur aus Neid hat Kain den Abel erschlagen, weil der Vater den Bruder lieber hatte und weil die Rauchwolke von Abels Opferfeuer schnurgerade zum Himmel stieg, während die von Kains Opferfeuer so dahinrauchte, wenn ich mich richtig erinnere.

Die neuen Neid-Objekte, das sind vor allem: Zeit, Anerkennung und Lässigkeit.

Nun soll die Geschichte von Kain und Abel ja ein abschreckendes Beispiel sein, die zeigt, wohin Neid führen kann. Und deshalb habe ich einen anderen Vorschlag, was Sie mit Ihrem Neid anfangen könnten: Nehmen Sie ihn als Ansporn! Als Herausforderung. Stellen Sie sich diesem Gefühl, aber bevor Sie grün vor Neid werden. Schauen Sie sich die Ursachen Ihrer Verstimmung einmal genau an: Was ist es denn ganz genau, was wir dem lieben Nachbarn neiden? Sie kennen vielleicht den Werbespot für eine Bank, bei dem sich zwei Männer treffen. Der eine knallt drei Fotos auf den Kaffeehaustisch: »Mein Haus, meine Yacht, meine Pferdepflegerin …« Wie prollig! Und von gestern.

Die Objekte der Begierde haben sich nämlich fast unmerklich geändert: War man früher vor allem neidisch auf den protzigen Wagen, den Urlaub in der Karibik und die Mitgliedschaft im Tennisclub, so sind solche Statussymbole heute von vielen zu erreichen (wenn sie auch häufig bedeuten, sich tüchtig zu verschulden): Autos kann man leasen oder auf Raten bezahlen, in die »Dominikanische« kommen wir mit dem Billigflieger schon für einen Tausender, und wer spielt heute schon noch Tennis, um etwas Besonderes zu sein? Selbst ins Fernsehen kommen heute längst nicht mehr nur Prominente, sondern die 15-Minuten-Berühmtheit kann jeder erreichen, der bereit ist, bei einer der zahlreichen Talkshows mitzumachen. Und auf die sollten wir neidisch sein? Gott bewahre.

Die neuen Neid-Objekte, das sind vor allem: Zeit, Anerkennung und Lässigkeit. »So gut möchte ich es auch mal haben!«, stöhnen wir gerne neidisch, wenn sich jemand ins lange Wochenende verabschiedet. »Wie hat die das geschafft?«, fragen wir uns, wenn der Kollegin der Job angeboten wird, auf den wir schon lange gespechtet haben. »Was hat der, was wir nicht haben?«, fragen wir uns, wenn der Partylöwe von den interessantesten Mädels umschwärmt wird.

Und diese Fragen führen uns auf den richtigen Weg: indem wir sie nicht nur rhetorisch meinen, sondern versuchen, Antworten darauf zu finden. Denn nur dann kann Neid zum Erfolgsfaktor werden und wir können uns aus dem bösen Gefühl befreien, wieder tief durchatmen und uns auf unsere eigenen Fähigkeiten besinnen.

Bleiben wir beim Beispiel mit dem Kollegen, der die Anerkennung bekommen hat, die eigentlich uns zuzustehen schien. Scheuen Sie sich nicht, von anderen zu lernen – und gerade, wenn Sie richtig neidisch auf sie sind. Schauen Sie genau hin, warum sind Sie neidisch? Meist ist das, was uns am meisten ärgert, das, was wir am wenigsten können und gern lernen würden.

Ein Beispiel: Eine Produktmanagerin hat mit einem Kollegen zusammen eine Präsentation vorbereitet. Das heißt, sie hat die Struktur entwickelt, mit großem Aufwand Bilder für die Folien besorgt, tagelang mit der Sekretärin zusammen die Power-Point-Charts hergestellt, mit ihm darüber gesprochen, er fand alles prima, brachte noch zwei Anregungen ein. Am Tag der Präsentation übernimmt er die Einführung, sie hält den Vortrag. Beim anschließenden Mittagessen mit der Geschäftsführung hört sie fassungslos, wie er erzählt, dass die letzten Wochen die anstrengendsten seines Lebens gewesen seien, er hätte kaum geschlafen. Wie viel Mühe es gekostet hätte, das Projekt »rund« zu kriegen. Sie merkt verbittert, welchen Eindruck seine Aufschneiderei offensichtlich bei den Bossen macht, denn die sind schwer beeindruckt. Und sie? Sitzt sprachlos daneben, neben dem Ärger regt sich Neid – auf seine gute Show. Sie ist aber unfähig, den Eindruck zu korrigieren, das dies alles sein Werk wäre.

Sie beschließt am nächsten Tag, ihn zur Rede zu stellen. Er lacht sie fast aus, was regst du dich so auf? Ist doch alles klasse gelaufen. Was willst du eigentlich? Ihr Neidgefühl bleibt. Noch Wochen später erzählt sie ihren Freundinnen verbittert von ihrem Tag der »Niederlage«, von diesem blöden Kerl, und die Galle spiegelt sich in ihrem Gesicht. Bis eine der Freundinnen endlich aufhört, sie zu bemitleiden, und fragt: »Worauf bist du denn jetzt eigentlich neidisch? Willst du so sein wie er? Oder was?«

Und endlich löst sich der Knoten. Nein, natürlich möchte sie nicht so widerlich werden. Aber die Art, wie er sich in den Vordergrund gespielt hat, war schon faszinierend. Was lernt sie daraus:

1. Nur wer trommelt, bekommt Anerkennung.
2. Wer den Mund nicht aufkriegt, ist selber schuld.
3. Das nächste Mal wird sie sich besser vorbereiten und aktiver eingreifen.
4. So eine breite Schleimspur wie er möchte sie trotzdem nie bekommen, das ist ihr die ganze Sache nicht wert.

Gerade der letzte Punkt ist ganz wichtig in der Neidanalyse. Wir sollten uns immer auch fragen: Wären wir auch bereit, den Preis dafür zu zahlen, den unser Neidobjekt ganz offensichtlich entrichtet? Was ist es mir wert, einen Jaguar zu fahren? Noch mehr arbeiten, noch weniger Zeit haben? Was ist es mir wert, Chefs Liebling zu sein? Auf seinem Schoß zu sitzen und zu schnurren oder immer »Ja, gerne« zu sagen? Wenn die Antwort »Nein« heißt, weil uns der Preis zu hoch ist, dann fällt auch der Neid in

Die Neid-Strategie

1. Schauen Sie genau hin: Worauf sind Sie neidisch?
2. Beobachten Sie: Wie hat der andere sein Ziel erreicht?
3. Überlegen Sie: Könnten Sie das auch?
4. Analysieren Sie: Was wäre der Preis, wenn ich das Gleiche machen würde?
5. Entscheiden Sie: Den Preis bin ich bereit zu zahlen. Oder: Der Preis ist mir zu hoch.
6. Werden Sie aktiv: Wenden Sie die gelernten Strategien an.
7. Kontrollieren Sie das Ergebnis: Hat es sich gelohnt?

sich zusammen. Wenn sie »Ja« lautet, dann los. Das Ziel ins Auge fassen, eine Strategie entwickeln, nachmachen, Ergebnis kontrollieren.

Von den Besten lernen, dies kann man auch bei weit entfernten Objekten der Begierde: Beobachten Sie mal erfolgreiche Männer und Frauen in Ihrer Umgebung oder Promis im Fernsehen. Was machen die anders? Was lässt sich abgucken? Meist werden Sie feststellen: Die haben etwas, was andere nicht haben, und wenn es nur ein maliziöses Lächeln ist oder die Kunst, schneller zu fahren als andere. Schauen Sie sich möglichst oft Dokumentationen über diese Stars an (keine Jubelberichte), und Sie werden erkennen, wie viel Arbeit dahinter steckt. Es ist ein Mythos zu glauben, in dieser Welt bekäme man etwas geschenkt (oder jedenfalls ganz, ganz selten). Wissen Sie, welch harte Arbeit dahinter steckt, ein erfolgreiches Modell zu sein? Wollen Sie wirklich mit einem Spitzenpolitiker tauschen? Also, ich nicht.

Meist ist Neid nur ein Zeichen dafür, dass wir in unserem Leben unter unseren Möglichkeiten leben. Dass wir spüren, wir könnten noch zufriedener sein, wenn wir aus unserer bequemen Meckerecke herauskämen und etwas tun würden. Das beste Rezept gegen Neid ist: Just do it!

Wer hält uns davon ab, jeden Morgen eine halbe Stunde zu laufen, um fit wie ein Turnschuh zu werden? Wer hält uns davon ab, das Superkonzept zu entwickeln, mit dem wir unseren Chef zum Juchzen bringen? Wer hält uns davon ab, am Wochenende mal auf den Putz zu hauen, durchzumachen, am Seeufer den Sonnenaufgang zu erleben? Wir tun's bloß nicht. Aber dann können wir uns die Neidattacken auch sparen. Wenn sie nur dazu dienen, die eigene Unzufriedenheit zu kaschieren, nützen sie wirklich gar nichts. Das gilt vor allem, wenn manche denen, die weniger haben als sie selbst, das auch noch neiden. Bestes Beispiel: das Gequatsche, dass »die« Ausländer die Arbeitsplätze wegnehmen. Und dass »die« Asylanten alle Mercedes fahren. Das ist einfach nur erbärmlich. Versuchen Sie mal, die Neid-Strategie bei diesen Themen anzuwenden: Also, man braucht nur seine Heimat verlieren, seine Familie, sein Land, seinen Besitz, seine Sprache, seine Freunde … und schon kann man in einem schnuckeligen deutschen Asylantenheim wohnen. Kain lässt grüßen.

**Das beste Rezept gegen
Neid ist: Just do it!**

Mein persönliches Erfolgsgeheimnis

Ich werde zwar äußerst selten, dann aber umso heftiger von Neidattacken gepackt. Gott sei Dank bemerke ich schnell, was mich am Erfolg der anderen ärgert: dass ich nicht selbst auf die Idee gekommen bin oder mich mal wieder von meinen Selbstzweifeln gefangen nehmen lasse. Wer hindert mich daran, das zu tun, was die anderen tun?

Ich habe mir angewöhnt, dann ganz genau hinzuschauen. Wie schafft der das? Wie hat die das gemacht? Und es ist oft sehr überraschend, was dabei herauskommt. Vor einigen Jahren habe ich mal an einem Kongress eines berühmten Trainerkollegen teilgenommen, um herauszufinden, warum er so viel Erfolg hat. Und was ich herausfand, waren vor allem zwei Dinge: Erstens macht er eine gute Show, bei der alles stimmt: Begrüßung, Musik, Effekte. Und zweitens betreibt er ein perfektes Marketing. So schafft er es, Tausende in große Hallen zu bringen. Das Geheimnis war gelüftet, der Neid war weg. Was habe ich gelernt? Erstens: Wenn du auf einer großen Bühne stehst, brauchst du eine hervorragende Choreographie, um Leute zu begeistern. Zweitens: Von nix kommt nix. Ohne teure Werbung, ohne aufwendige PR keine Aufmerksamkeit, keine Kunden. So einfach ist das. Inzwischen bin ich selbst Referentin einer Vortragsreihe: Von den Besten lernen. Ich bin dankbar für all die Erfahrungen, durch die ich von anderen profitieren konnte, und gebe gerne meinen Teil weiter.

Neulich war ich im Haus einer Bekannten in Wiesbaden eingeladen. Beste Lage, direkt am Kurpark, ein Designertraum! Die Farbe meines Gesichts muss der dieser daunenweichen grünen Samtpolster und der gerafften Seidenstores geähnelt haben. Gott, war das schön. Das Gästeklo war von Vivienne Westwood eingerichtet, der schrillen englischen Modemacherin! Ich musste an meine popelige Etagenwohnung in München denken, daran, dass wir eigentlich viel zu wenig Platz haben. Und das Bad gehörte auch mal wieder gemacht... Als der erste Anfall vorbei war, fühlte ich mich plötzlich unheimlich dankbar für mein Zuhause, und dafür, wie glücklich wir darin sind. Es ist schön, wenn der Weg aus dem Neid dahin führt zu erkennen, was man alles nicht zum Leben braucht.

Ich gönne meiner Bekannten diese Wohnung von Herzen, auch wenn ich weiß, dass ich mir so einen Traum niemals werde leisten können. Denn das habe ich in der ärmsten Hütte Afrikas gelernt: Wenn die Grundbedürfnisse des Menschen – sauberes Wasser, genug zu essen für die Familie, ein Dach über dem Kopf und die Abwesenheit von Krieg – erfüllt sind, dann sind auch die Grundlagen des Glücks gelegt, alle weiteren Komponenten ruhen in uns, egal, wie luxuriös der Rahmen drum herum ist.

22

STEH ZU DEINEN FEHLERN!

»Erwachsen werden heißt auch, mehr und mehr Risiken einzugehen«, schrieb einmal die britische *Cosmopolitan*-Chefredakteurin Mandi Norwood. Und: Sie hat Recht. Im Risiko sind leider immer zwei Optionen enthalten: Es geht gut oder es geht schlecht aus. Manchmal können wir nichts dafür, die Entwicklung spricht gegen unser Projekt. Oft sind aber die Fehler schuld, die wir selbst gemacht haben.

Dies ist kein Grund, sich mit einem »Mea culpa« zu Boden zu werfen, sich zu geißeln und zu demütigen. »Ich bin einfach unfähig …« Vergeudete Zeit. Ich rate Ihnen zu einem aktiven Fehlermanagement, das ich zur Grundlage meines Handelns gemacht habe.

Denn es ist nicht egal, ob ich einen Fehler mache oder nicht, vor allem wenn ich Herzchirurg oder Pilotin bin. Es macht durchaus Sinn, alles zu tun, um Fehler zu vermeiden oder schnell darauf zu reagieren. Sicher ist aber, dass wir immer wieder etwas falsch machen in unserem Leben. Ich vergleiche das gern damit, dass jeder von uns einen Sack voller Fehler auf dem Rücken trägt, und dieser Vorrat muss im Laufe eines Lebens aufgebraucht werden. Bei einigen ist der Sack größer, bei einigen kleiner. Bei einigen geht es sehr schnell, andere lassen sich mit dem Verbrauch Zeit. Bei den einen sind immer die gleichen Fehler drin, bei den anderen immer neue.

Also ums Fehlermachen an sich kommen wir nicht herum. Bei

einem vernünftigen Fehlermanagement geht es darum, a) Fehler vorausschauend zu vermeiden und zu reduzieren; b) nach Fehlern möglichst Schaden zu verhindern oder wieder gutzumachen und c) vor allem aus Fehlern zu lernen.

Ein gelungenes Fehlermanagement unterscheidet zunächst einmal die Art der gemachten Fehler. Hier ein Überblick:

1. *Der Anfängerfehler:* Dazu gilt der schöne Spruch: Man darf jeden Fehler einmal machen. Aber man darf ihn nur ein Mal machen.
2. *Der Flüchtigkeitsfehler:* Klingt meist harmlos, ist aber oft sehr ärgerlich.
3. *Der Stressfehler:* Ursache meistens Überlastung und Zeitmangel.
4. *Der Nachlässigkeitsfehler:* Da hat jemand mit dem Job schon innerlich abgeschlossen.
5. *Der Blauäugigkeitsfehler:* Nicht genau hingeschaut, aufs Glück vertraut, gedacht, das wird schon irgendwie.
6. *Der Überforderungsfehler:* Eine Aufgabe übernommen, ohne die nötige Entscheidungskompetenz oder die wichtigsten Informationen zu haben.

Es ist wichtig, den gemachten Fehler hier irgendwo einordnen zu können. Denn nur dann kann man auch analysieren: Wie kam es dazu, wie konnte das passieren? Und nur wer die Ursachen erkennt (und den eigenen Anteil daran), kann daraus lernen.

Fehlermanagement

Das einzig Gute an Fehlern ist, dass wir aus ihnen lernen können. Erinnern Sie sich an einen Fehler, den Sie mal gemacht haben?

Welcher Kategorie würden Sie ihn zuordnen (1–6)?

_____

Welche Auswirkungen hatte er?

_____

_____

(Wie) Hätten Sie ihn vermeiden können?

_____

_____

Was haben Sie getan, um ihn wieder gutzumachen?

_____

_____

Was hätten Sie, aus heutiger Sicht, tun können?

_____

_____

Was haben Sie daraus gelernt?

_____

_____

Anfängerfehler

Erinnern Sie sich an Ihre erste Fahrstunde? Motor abgewürgt, vergessen zu blinken oder Gas zu geben. Man denkt, das lernst du nie. Aber nur indem wir diese Fehler machen, lernen wir, wie es richtig geht. Allein die Theorie hat noch niemanden zu einem guten Autofahrer gemacht. Leider gibt es in vielen deutschen Unternehmen eine verkümmerte Fehlertoleranz. Sie ähneln einem Fahrlehrer, der nach dem zweiten falschen Einparken sagt: Vergessen Sie's. Führerschein ist für Sie gestrichen. So lernen Menschen nie, Verantwortung zu tragen. Was sie dagegen lernen: Tu nur, was dir gesagt wird, dann kann dir auch nichts passieren. Mein Rat: Riskieren Sie Anfängerfehler und stehen Sie dazu. Nur so können Sie Ihre Initiative zeigen und Ihr Potential. Wenn das Unternehmen, in dem Sie tätig sind, Ihnen keine Fehler verzeiht, suchen Sie sich ein anderes.

> **Riskieren Sie Anfängerfehler und stehen Sie dazu. Nur so können Sie Ihre Initiative zeigen und Ihr Potential.**

Flüchtigkeitsfehler

Dummer Fehler, hätte nicht passieren dürfen, Sie alle kennen die Selbstvorwürfe, die man sich danach macht. Wir hören sie jeden Samstag in den Fernsehinterviews nach Fußball-Bundesligaspielen, vor allem nach Eigentoren. Natürlich dürften sie nicht passieren. Und natürlich passieren sie trotzdem. Deshalb müssen überall, wo Menschenleben betroffen sind, Sicherungssysteme oder Kontrollen eingebaut werden, um »menschliches Versagen« zu verhindern. Wer einmal einen Namen in einem Brief falsch schreibt, muss deswegen aber nicht kündigen. Shit happens, wie der Engländer sagt. Mein Rat: Tun Sie Ihr Bestes. Wenn trotzdem ein Fehler passiert ist, versuchen Sie so schnell wie möglich, ihn auszubügeln! Je eher Sie ihn eingestehen können, umso schneller können Sie die Folgen stoppen.

Stressfehler

Sie haben zum dritten Mal einen Termin vergessen? Oder die falschen Tabellen für Ihre Berechnung zugrunde gelegt? Sie haben vergessen, die Konferenz abzusagen, oder alle Unterlagen zu Hause liegen gelassen? Dann spricht alles für zu viel Stress. Wenn wir uns ständig überfordern, weigert sich unser Hirn irgendwann, uns weiter zu dienen. Wenn wir ständig erschöpft sind, sind wir von unseren Ressourcen abgeschnitten. Vor allem Vergesslichkeitsfehler weisen auf zu viel Stress hin.

Mein Rat: Nehmen Sie die Fehler als ernste Hinweise, etwas zu verändern. Statt sich noch mehr unter Druck zu setzen, »das darf mir nie mehr passieren«, fordern Sie Entlastung und Hilfe. Sonst drohen Burn-out und wirkliches Scheitern.

Nachlässigkeitsfehler

Ach, stimmt ja, Sie wollten ja eigentlich das Protokoll heute abliefern. Tja, blöd gelaufen. Warum regt der Boss sich so auf? Kann doch jedem mal passieren. Fehler aus Nachlässigkeit weisen stark auf eine »innere Kündigung« hin. Der Mitarbeiter/die Mitarbeiterin hat sich innerlich schon längst von dem Unternehmen und von seinem/ihrem Job verabschiedet. Wenn Ihnen gehäuft Fehler unterlaufen, prüfen Sie sich, was Sie noch in Ihrer Stelle hält: nur das Geld, nur die Bequemlichkeit? Oder mangelnde Phantasie für Alternativen? Mein Rat: Nehmen Sie die Nachlässigkeitsfehler als wichtigen Hinweis Ihres Unterbewusstseins. Möchten Sie am liebsten rausgeschmissen werden, weil Sie sich selbst nicht zu kündigen trauen? Suchen Sie sich lieber selbst eine neue Herausforderung – keine Angst, diese Welt hält noch für alle genügend bereit. Oder Sie arbeiten an Ihrer Selbstmotivation (siehe Seite 25ff.). Vielleicht schaffen Sie es ja, neue Begeisterung durch Veränderung zu wecken.

**Wenn Ihnen gehäuft
Fehler unterlaufen, prüfen
Sie sich, was Sie noch in
Ihrer Stelle hält.**

Blauäugigkeitsfehler

Wieso klappt denn das alles nicht? Das hat mir keiner gesagt, dass ich das schriftlich einreichen muss. Woher sollte ich denn das wissen? Viele Fehler machen wir aus Blauäugigkeit, wir wissen zu wenig, wir fragen zu wenig. Wir denken, irgendwie wird das schon gehen. Die anderen schaffen das doch auch. Besonders oft passiert dieser Fehler bei Existenzgründungen: Was, ich hätte Geld für die Steuer zurücklegen sollen? Das hat mir niemand gesagt. Wie bitte, die neuen Möbel haben acht Wochen Lieferzeit? Aber ich wollte doch nächsten Donnerstag eröffnen! Mein Rat: reden, reden, reden. Fragen, fragen, fragen! Sie müssen nicht alles selbst wissen, holen Sie sich rechtzeitig fachlichen Rat. Dann bleibt Ihnen manch schmerzliche (teure) Lektion erspart. Um Hilfe bitten zu können ist eine der Grundlagen für beruflichen Erfolg, ob im Freundeskreis, durch einen versierten Mentor/eine Mentorin oder einen professionellen Coach ist egal. Stellen Sie sich lieber dümmer, als Sie sind, dann bekommen Sie so manch guten Tipp!

Überforderungsfehler

Was für ein Glück: Sie sollen die Niederlassung in den neuen Bundesländern leiten? Davon hätten Sie nie zu träumen gewagt. Mit Feuereifer gehen Sie an die Arbeit. Nach acht Monaten haben Sie eine saubere Pleite hingelegt. Die Ursachen: Sie bekamen kein Investitionskapital, durften nichts ohne den Vorstand entscheiden, Sie hatten keine Ahnung von Mitarbeiterführung, und keiner hatte Ihnen gesagt, dass der Markt für die Produkte eh längst weggebrochen war. Mein Rat: Vorsicht vor solchen Rettungseinsätzen, wenn Sie nicht der absolute Profi dafür sind. Manchmal braucht man jemandem, dem man am Ende die ganze Schuld zuschieben kann, und das waren Sie, geblendet durch Ihre eigene Eitelkeit. Anstatt offenen Auges in eine Misere zu schlittern, sollten Sie vor Antritt genau prüfen: Was soll ich erreichen? Was darf ich machen? Was erwartet mich? Wie viel Spielraum bekomme ich? Wo liegen die Hauptrisiken?

Und wenn's denn passiert ist? Wenn wir trotz aller guten Vorsätze wieder in die Fehlerfalle getappt sind? Dann heißt es als Nächstes, so schnell wie möglich zu reagieren. Statt unsere Energie damit zu verpulvern, nach tausend Erklärungen und Entschuldigungen zu suchen, oder noch schlimmer, den Fehler zu vertuschen, heißt es: sich bekennen und retten, was zu retten ist. Je schneller wir aktiv werden, umso geringer sind die Folgen. Je geringer der Schaden ist, umso eher wird uns verziehen. Jedenfalls eher, als wir uns selbst verzeihen. Kennen Sie das, dass wir die Missgeschicke anderer viel eher entschuldigen können als unsere eigenen?

Damit wir uns selbst verzeihen können, müssen wir den »Sinn im Fehler« erkennen. Das ist nicht immer leicht, und es geht es auch nicht um ein kapitales Versagen, durch das andere Menschen geschädigt wurden. Aber wir haben viele kleine Fehler, die wir uns noch jahrelang übel nehmen: »Hätte ich doch rechtzeitig in meinen Kalender geschaut ... Wäre ich doch nicht zu spät gekommen ...« Ich habe schon an anderer Stelle erklärt, dass diese Wenns und Abers uns eigentlich keinen Schritt weiterbringen. Es ist viel sinnvoller, sich genau anzusehen, wie es dazu kommen konnte und was wir in Zukunft tun können, um solche Fehler zu vermeiden. Denn dann entwickeln wir uns wieder ein Stückchen weiter, ein Stückchen weiter zur Vollkommenheit – bis zum nächsten Mal.

Also: Gestehen Sie sich Fehler zu, die zwangsläufig passieren, wenn man neue Dinge ausprobiert. Verzeihen Sie sich Fehler, denn Sie wissen, wie sie geschehen sind. Und schaffen Sie möglichst eine Atmosphäre der Gelassenheit und Klarheit, die es unnötig macht, dass Fehler Ihnen Botschaften schicken müssen.

Mein persönliches Erfolgsgeheimnis

Ich kann Ihnen versichern, mir sind die Fehler aller sechs Kategorien schon unterlaufen. Ich habe Termine verschwitzt oder zwei auf den gleichen Tag gelegt; Mann, war das peinlich! Ich habe schon mal eine falsche Faxnummer in einer Zeitschrift abgedruckt und damit einer jungen Frau ein Wochenende lang Telefonterror zugemutet; erst eine Einladung zum Essen in einem feinen Restaurant konnte ihren Zorn auf mich besänftigen. Ich bin in die Blauäugigkeitsfalle getappt und

Kennen Sie das »Hochstaplersyndrom«?

Es gibt Menschen, die leiden nach großen Erfolgen plötzlich unter dem Wahn, dass sie eigentlich gar nichts können und die anderen um sie herum das nur noch nicht gemerkt haben. Bevor sie als Betrüger »hochgehen«, kündigen sie lieber selber ihren Job oder trennen sich von ihrem Liebsten. Die Bestsellerautorin Colette Dowling (*Der Cinderellakomplex* verkaufte sich weit über eine Million mal) erzählte mir, dass sie vor ihrem zweiten Buch ein Jahr lang tierische Schreibhemmungen hatte, weil sie fürchtete: »Diesmal werden sie merken, dass ich gar nicht schreiben kann.« Wenn Sie Anzeichen bei sich selbst bemerken, gibt es nur einen Rat: Reden Sie mit jemandem darüber, guten Freunden, einem Coach, vielleicht einer Therapeutin. Manchmal hilft auch schon, fünf Gründe aufzuschreiben, warum Sie doch befähigt sind, Ihre Aufgabe zu erfüllen.

wäre einige Monate nach meiner Existenzgründung fast Pleite gegangen, als das Finanzamt plötzlich Rück- und Vorauszahlungen von drei Jahren abbuchte und ich keine ausreichenden Rücklagen hatte.

Meistens geschahen diese Fehler in Phasen der Überforderung: zu viel zu tun, zu viel auf sich geladen, zu wenig Zeit zum Nachdenken oder Nachfragen. Ich habe – nach einer kurzen, aber heftigen Phase der Selbstvorwürfe – die Fehler immer vor allem als Mahnung verstanden: Geh achtsamer mit dir um! Mute dir nicht zu viel zu. Lerne Nein zu sagen. Lerne, um Hilfe zu bitten. Such dir Unterstützung. Organisiere dein Leben besser. Und meistens haben sie mich einen Schritt nach vorne gebracht!

23

NUTZE DIE WEISHEIT DES ÄLTERWERDENS!

Man spricht ja nicht gerne drüber, aber ich kann Ihnen verraten: Älterwerden ist grandios! (Wobei das Altern in unserer Gesellschaft ja schon mit Ende 20 anfängt). Wenn Sie die Plusfaktoren des Älterwerdens annehmen können, werden Sie damit noch erfolgreicher werden.

> »Nutze deine Potentiale« ist die Botschaft dieses Buches. Und »Nutze deine Erfahrung« die spezielle Botschaft dieses Kapitels.

Zwei Sätze sollte sich jeder von uns ab sofort verbieten: Der eine ist »Dafür bin ich noch zu jung!« und der andere »Dafür bin ich schon zu alt!«. Seit 17-Jährige mit Unternehmen an die Börse gehen und 90-Jährige Erfolge auf den Bühnen der Welt feiern, sind diese Sätze obsolet. »Nutze deine Potentiale«, ist die Botschaft dieses Buches und »Nutze darüber hinaus deine Erfahrung«, die spezielle Botschaft dieses Kapitels.

Ich kann das alberne Gerede von Menschen nicht mehr hören, die ständig mit ihrem Alter kokettieren. »So ein modischer Rock? Nee, in meinem Alter«, sagt eine todschicke Enddreißigerin. »Ach, in meinem Alter geht das alles nicht mehr so schnell«, jammert ein Fünfzigjähriger. Schon zum 30. Geburtstag gibt es

Glückwunschkarten, die den Jubilaren einreden: »Jetzt gehörst du auch zum alten Eisen ...«

He Leute, wer redet uns da was ein? Hören wir endlich auf damit, uns selbst alt zu reden. Sonst glauben wir es wirklich noch. Schauen wir uns lieber an, welch klasse Chancen uns das Älterwerden bietet: Mit unserer Erfahrung sind wir jedem Berufsanfänger voraus. Das heißt allerdings nicht, sich darauf auszuruhen. Niemand ist zu alt, um sich nicht immer wieder fit auf seinem Gebiet zu machen.

Wir wissen, wie man sich Ziele setzt und sie auch erreicht. Ich hör schon den Seufzer, was gibt es da noch zu erobern? Statt zur lahmen Ente zu werden, lasst uns unsere Erkenntnisse lieber weitergeben, lasst uns zum weisen Mann oder zur weisen Frau werden, die gerne gefragt werden, lasst uns unser Wissen in Initiativen und Projekte einbringen, lasst uns selbst Herausforderungen ausdenken. Erst wer aufhört, Ziele zu haben, ist wirklich alt.

Wenn Sie sich manchmal uralt fühlen, weil um Sie herum in Ihrer Firma nur noch 27-Jährige arbeiten, dann überlegen Sie, ob es nicht auch Zeit für Sie ist, noch einmal etwas Neues anzufangen. Sich vielleicht mit einem eigenen Unternehmen selbstständig zu machen. Sich mit einer neuen Idee zu profilieren, den Schritt zum Wechsel zu wagen.

Wenn Sie gerade in der Midlife-Crisis stecken, schauen Sie sich doch einmal um, welche aktiven oder berühmten Männer und Frauen Sie in Ihrem Alter oder gar älter kennen. Steve Martin hat sich in dem Film *Vater der Braut 2,* als er Opa wurde, von seiner Sekretärin alle berühmten Männer raussuchen lassen, die älter sind als er: Mick Jagger, Woody Allen … und es ging ihm wieder besser. Schauen Sie sich Goldie Hawn an, je älter sie wird, umso erfolgreichere Filme macht sie. Oder Iris Berben, die ihren Fünfzigjährigen zelebriert und neben der Schauspielkarriere erfolgreiche Restaurantbesitzerin wurde.

Überlegen Sie sich: Was habe ich gelernt? Aus Erfolgen, aus Misserfolgen? Welche Erfahrungen kann mir niemand mehr nehmen? Machen Sie sich eine »Stolz-Liste«: eine Liste, auf der Sie alles sammeln, was Sie heute können und mit Anfang 20 noch nicht. Manchmal müssen wir es uns schriftlich geben, dass wir klasse sind.

Die fünf Regeln für ein glückliches Leben von Goldie Hawn

Die Hollywoodschauspielerin Goldie Hawn (*First Wives Club*) ist 54 Jahre alt, vierfache Mutter und lebt seit 17 Jahren glücklich unverheiratet mit ihrem Kollegen Kurt Russel zusammen. Sie hat der amerikanischen Zeitschrift *Redbook* in einem Interview verraten, warum sie immer (noch) glücklich ist:

1. Heb nicht ab, auch wenn du noch so berühmt wirst.
2. Setze Prioritäten, was dir das Wichtigste im Leben ist.
3. Kümmer dich um die, die du liebst.
4. Suche Ruhe, meditiere auch einfach so zwischendurch.
5. Suche Herausforderungen, wer willst du mit 60, 70 oder 80 sein?

Mein persönliches Erfolgsgeheimnis

Als ich 16 war, habe ich mit meinen Cousinen ausgerechnet, wie alt wir bei der Jahrtausendwende sein werden. Und ich erinnere mich, wie verzweifelt ich war, als herauskam, dass ich dann schon 46 sein würde. Ich dachte in der Tat: »Ein so einmaliges Erlebnis, und du wirst zu alt sein, etwas davon zu haben!« Stattdessen war der Millenniumswechsel eines der schönsten Silvester, die ich jemals verbrachte – mit meinem Mann und meinen Kindern zusammen, in einem traumhaften Hotel in Mainz mit Feuerwerk über dem Rhein, feinem Essen, gutem Wein, fetziger Musik und sehr viel Freude. Ja, wenn ich Mitte 70 gewesen wäre … Quatsch, meine Mutter ist an diesem Abend mit Freunden tanzen gegangen, in Andalusien, wo sie seit vielen Jahren fröhlich lebt. Ja, wenn ich über 90 gewesen wäre. Quatsch, meine 95-jährige Großmutter hat dieses Silvester im Kreis ihrer Lieben sehr fröhlich verbracht und sogar mit einem Gläschen Sekt angestoßen.

Ich habe mal zusammengetragen, was ich an meinem Alter und besonders an dem »Ältergewordensein« besonders schätze:

- *Ich habe so viel schon erlebt, mich kann fast nichts mehr schrecken. Wer will mir denn noch Angst machen?*
- *Ich kenne die Menschen, ich weiß, wie sie ticken, was sie fürchten und was sie erhoffen. In Verhandlungen kann mich keiner mehr schlagen.*
- *Als junge berufstätige Frau hatte ich eine Art Stacheldraht um mich aufgebaut. Das Leben war hart, und ich schrie: »Ich zeig's euch!« Inzwischen habe ich gelernt, dass ich mit Charme und einem Lächeln viel leichter mein Ziel erreiche.*

- *Meine Kinder sind groß. Ich genieße es, mit ihnen zusammen zu sein. Finde es aber auch wunderbar, zusammen mit meinem Mann neue Pläne zu schmieden oder beispielsweise ganz spontan verreisen zu können.*

- *Ich arbeite im Beratungsbereich und da ist jedes Jahr Erfahrung Gold wert. Sprich, ich bekomme immer schönere Aufträge und verdiene mehr. It's great!*

- *Manche Dinge muss ich einfach nicht mehr machen, entweder weil ich die Erfahrung schon hinter mir habe oder mir ganz gut vorstellen kann, was es bringt und was nicht.*

- *Die finanziellen Belastungen werden kleiner, es bleibt mehr Geld zum Genießen übrig – oder um ein eigenes Unternehmen zu gründen.*

- *Die Gelassenheit, die ich inzwischen habe, hätte ich mir zu Beginn meiner Berufstätigkeit gewünscht, dann hätte ich manches anders gemacht. Die Schlüssel zu dieser Gelassenheit: Achtsamkeit, Balance, Geduld, Vertrauen, Klugheit, Großzügigkeit, Humor!*

- *Ich genieße die Wertschätzung, die mir von männlichen Geschäftspartnern entgegengebracht wird, als junge Frau musste ich mich viel mehr behaupten. Und je aufgeschlossener ich Männern gegenüber werde, umso mehr Unterstützung bekomme ich von ihnen.*

Wobei dieser Schritt, zuzugeben, dass ich älter werde, nicht immer ganz einfach war. Ich weiß noch, wie schockiert ich war, als ich als Dozentin der Deutschen Journalistenschule mit Mitte 30 die Studenten ganz automatisch duzte, sie mich jedoch siezten. Und in meiner Zeit als Redakteurin habe ich lange gebraucht, bis ich eingestehen konnte, dass mich manche Themen in »Cosmopolitan« einfach nicht mehr interessierten, weil ich aus der »Zielgruppe« herausgewachsen war.

Es war ein großer Schritt für mich, als Herausgeberin der Zeitschrift »Working@Office« zu fungieren, wobei meine Aufgabe vor allem darin lag, meine Erfahrung und Erkenntnisse an die jungen Macher/innen weiterzugeben. Ich habe ein bisschen gebraucht, um meine Rolle aus vollem Herzen zu akzeptieren.

Auch »weise Frau/weiser Mann« zu werden muss man lernen. Heute freue ich mich, dass ich nicht mehr alles selbst umsetzen muss, was ich so vorschlage. Es hat seinen Reiz, glauben Sie mir! Übrigens: Ich habe vor einem Jahr beschlossen, zu den feinen silbernen Strähnchen in meinem Haar zu stehen. Was soll's, von jeder weiß ich doch, wovon ich sie habe. Rechts oben: durchwachte Nächte am Kinderbett. Links unten: harte Zeiten im Job, da hatte ich doch mal den kreisrunden Haarausfall vor lauter Stress. Mitte hinten: Nicht gesagt, was ich wollte, nicht bekommen, was ich sollte … Mein Frisör behauptet: Seit ich mich zu meinen Haaren bekenne, bekämen sie einen ganz neuen Schwung. Wie ich.

24

TAKE IT EASY!

Bei allem Ehrgeiz, bei allen hohen Zielen: Leben ist mehr als Arbeit. Das sollten Sie nie vergessen. Arbeit ist die Grundlage der Existenzsicherung. Arbeit bietet die Gelegenheit, seine Ideen und Talente zu verwirklichen, Anerkennung und Herausforderungen zu bekommen. Aber Arbeit ist auch ein Spiel. Nicht umsonst erinnern manche Kämpfe im Management an einen Spielplatz, wo mit Schaufel und Förmchen aufeinander losgegangen wird.

Es fällt nicht immer leicht, im harten Existenzkampf das Spielerische wahrzunehmen und zu akzeptieren. Aber ich habe die Erfahrung gemacht: Wenn wir es schaffen, die Leichtigkeit des Seins auch in unseren Job zu transportieren, werden wir automatisch besser. Weil wir vieles nicht mehr so verkrampft sehen, mit Niederlagen besser fertig werden, Risiken eingehen und die anderen als Global Player in unser Spiel mit einbeziehen können.

»Take it easy«, heißt es aber auch im Umgang mit Kritik. Vielleicht kennen Sie das Phänomen, dass nur ein bestimmter Begriff fallen muss und Sie gehen auf die Palme. Ohrfeigen für die Seele nennt die Münchner Psychotherapeutin Dr. Bärbel Wardetzki Kränkungen und Zurückweisungen[42]. Betroffen sind vor allem Menschen mit mangelndem Selbstwertgefühl. Sie sind – meist in der Kindheit – sehr verletzt worden und haben Mühe, das Selbstwertgefühl stabil zu halten. Schon eine harmlose Bemerkung lässt sie dann ausflippen. Wie Untersuchungen gezeigt haben, sind Männer und Frauen gleichermaßen kränkbar. Ihr »wunder

Sind Sie leicht zu kränken?

Kann man Sie mit einer Bemerkung schwer beleidigen? Reagieren Sie immer wieder auf die gleiche Weise auf die gleichen Reize? Dann haben Sie wahrscheinlich einen »wunden Punkt«. Testen Sie sich selbst:

1. Glauben Sie, es wird bestimmt über Sie geredet, wenn zwei Kolleg/innen miteinander tuscheln?
2. Nehmen Sie auch harmlose Bemerkungen eher übel?
3. Missverstehen Sie manchmal Komplimente und werden sauer?
4. Reden Sie oft sehr abfällig mit sich selbst?
5. Gibt es ein Thema, bei dem man Sie blitzschnell immer wieder auf die Palme bringen kann?
6. Reagieren Sie unangemessen auf eigentlich völlig harmlose Bemerkungen und schämen sich hinterher dafür?

Wenn Sie mindestens zwei Fragen mit Ja beantwortet haben, sollten Sie versuchen, Ihrem wunden Punkt auf die Schliche zu kommen.

Punkt« muss nur leicht berührt werden, und ihr Selbstwertgefühl bricht zusammen. Solche Menschen zeichnen sich oft dadurch aus, dass sie hinterher das klärende Gespräch vermeiden, ja oft sogar ablehnen. Sie wollen übel nehmen, nichts verstehen und schon gar nicht verzeihen. Wie schwer machen sie sich aber das Leben dadurch! Und wie erleichternd kann es sein, die Ursachen für den »wunden Punkt« herauszufinden und aus der Reaktionsspirale herauszukommen.

Mit mehr Leichtigkeit haben wir mehr vom Leben, weil wir uns nicht aufarbeiten, maßlos Energie verpulvern, Freunde und Geliebte verprellen, auf viel Schönes verzichten. Es ist schon richtig, sich wichtig zu nehmen. Unbedingt. Allerdings sollten wir uns auch nicht zu wichtig nehmen. Es entlastet, sich hin und wieder mal zu überlegen, wie der Kosmos sich weiter drehen würde, wenn wir dieses Flugzeug verpasst hätten, diesen Auftrag nicht bekommen hätten, einfach mal einen Tag mehr zu Hause wären.

> **Mit mehr Leichtigkeit haben
> wir mehr vom Leben.**

Und: Dieses Leichternehmen bewahrt uns davor, uns in der Arbeit zu verlieren. Ein spektakuläres Buch[43] hat vor einiger Zeit aufgedeckt, dass gerade viele erfolgreiche Manager und Managerinnen geradewegs auf das Burn-out zusteuern, also auf den totalen Zusammenbruch. Über zwölf Millionen Menschen sollen allein in Deutschland von Depressionen gequält werden. Die einen flüchten in Drogen, die anderen in Arbeit, manche in beides. Männer seien besonders bedroht, schreibt der Autor Terrence Real. Sie sind auf Erfolg programmiert, haben belastbar und unerschütterlich zu sein. Doch die Zahl der Frauen, die sich ebenfalls diesen Erwartungen unterwerfen, steigt. Iver Hand, Professor für Psychiatrie an der Universitätsklinik Hamburg-Eppendorf, meint: »Wenn jemand auf die Frage, was können Sie genießen, keine

Antwort mehr weiß, dann stimmt etwas nicht.« Und Friedhelm Stetter, Chefarzt der Oberbergklinik Extertal berichtet: »Fast jeder, der vom Stress zerfressen wird, hat eine Depression.«

Heilung bringen oft Medikamente, aber immer auch der Abschied vom früheren, selbstzerstörerischen Leben. Damit verbunden ist ein Lernprozess: frühere Verletzungen, oft aus der Kindheit, zu erkennen und den Schmerz, der damit verbunden ist, zu lindern.

Nicht immer muss eine Depression dahinter stecken, wenn wir uns von unserer Arbeit auffressen lassen, aber rechtzeitig reagieren sollten wir schon, wenn es uns nicht gut geht. Denn Arbeit ist nicht das Leben, sondern nur ein Teil.

Mein persönliches Erfolgsgeheimnis

Erfolg ist verführerisch. Wir müssen uns nur hüten, ihm zu verfallen! Vielleicht heißt Ihr Motto am Anfang Ihrer Karriere: Ich will alles. Yeah! Sie können es erreichen, wenn es Ihnen wirklich ernst ist. Ich selbst bin auch eher ein »Ernstnehmer«, nehme Dinge nie auf die leichte Schulter und vieles auch gern persönlich. Beim Spielen ist das so, egal, ob beim Tennis oder beim Mensch-Ärgere-Dich-Nicht. Und beim Arbeiten sowieso.

Irgendwann habe ich aber gemerkt, dass dieses Tierisch-ernst-Nehmen meine Lebensqualität erheblich schmälert. Ich war dabei, meine Fröhlichkeit aufzugeben und mich in der Arbeit zu verlieren. Und stieß irgendwann auf den Begriff »Leichtigkeit«. Heute ist mein vorrangiges Ziel, mehr Leichtigkeit in meinem Leben zu schaffen. Ich sehe es bei-

spielsweise nicht mehr als persönlichen Angriff an, wenn mich jemand kritisiert, sondern versuche, seinen Standpunkt dabei zu akzeptieren. Ich kann es ertragen, dass ein anderer Mensch eine andere Meinung hat (doch, so großzügig bin ich inzwischen geworden!), auch wenn dies mich heute nicht davon abhält, meine Meinung klar und deutlich zu vertreten. Ich habe nicht mehr den Ehrgeiz, immer und überall die erste Geige zu spielen, sondern kann auch gut abgeben.

Vor kurzem habe ich darüber meditieren können, was Leichtigkeit wirklich bedeutet: Ich war für ein paar Tage zum »Auftanken« in einem wunderschönen Wellnesshotel in Bad Gögging. Dort gibt es einen »Liquid-Sound«-Swimmingpool. Also ein Becken mit herrlich warmem Salzwasser, in dem man in Farben und Musik schwelgen kann. Ich habe mir zwei Schaumstoffröhren unter Nacken und Knie geklemmt und habe mich aufs Wasser gelegt. Die Ohren hörten – unter Wasser – entspannende Musik, jeden Muskel konnte ich locker lassen. Fast eine Stunde lang trieb ich im farbig angestrahlten Becken dahin und spürte eine unglaubliche Leichtigkeit, ja, ich kam mir selbst leicht wie eine Feder vor. Hervorgerufen wurde dies durch die Möglichkeit des absoluten Loslassens und eines warmen, freundlichen Gehaltenwerdens. Diese beiden Pole sind es auch, die uns im Leben, bei der Arbeit mehr Leichtigkeit verschaffen können: loslassen können und Vertrauen in die Welt, die uns nicht fallen lassen wird.

Und daran kann man arbeiten. Ich schaffe es inzwischen sogar, es nicht mehr als persönliche Kränkung zu empfinden, wenn mein Mann mich im Canasta zum vierten Mal hintereinander schlägt. Vielleicht hilft es, dass ich mir in meinen Lieblingsring, einen blauen Topas, ein Motto »hineingedacht« habe. Es heißt: Take it easy – Es ist alles nur ein Spiel!

ANMERKUNGEN

1 *Psychologie heute*, Oktober 1999

2 *Stuttgarter Zeitung/Böblinger Zeitung* vom 8. 5. 2000

3 *Psychologie heute*, Mai 2000

4 Mihaly Csikszentmihalyi, *Lebe gut! Wie Sie das Beste aus Ihrem Leben machen*, Klett-Cotta, Stuttgart 1999

5 Aus: Günter Ederer/Lothar J. Seiwert: *Der Kunde ist König*, Gabal Verlag, Offenbach 2000. Die Autoren zitieren in ihrem Buch die »Umfrage aus dem Einzelhandel« aus Jerry Wilsons Buch *Mund zu Mund Marketing*, Verlag Moderne Industrie, Landsberg 1991

6 *Psychologie heute*, Oktober 1999

7 John Hormann, *Future Work*, Universum-Verlagsanstalt, Wiesbaden 1998

8 Michael Michalko, *Cracking Creativity, Ten Speed press*, Berkeley 1998

9 Namen von der Autorin geändert

10 Robin Ryan, *60 Seconds and you're hired*, Penguin Books, London 2000

11 *Psychologie heute*, April 2000

12 *Psychologie heute*, Mai 2000

13 *Deutsches Ärzteblatt*, Heft 36/99

14 Sabine Schonert-Hirz, *Der Brigitte-Stress-Ratgeber für Frauen*, Goldmann, München 1995

15 *Psychologie heute*, Februar 2000

16 Till Bastian, *Lebenskünstler leben länger. Gesundheit durch Eigensinn*, Kindler Verlag, München 2000

17 *Psychologie heute*, Mai 2000

18 Richard Koch, *Das 80/20-Prinzip. Mehr Erfolg mit weniger Aufwand*, Campus, Frankfurt 1998

19 *Stern* 12/99

20 *Süddeutsche Zeitung* vom 5. 8. 2000

21 *Spiegel* 31/1998

22 *Psychologie heute*, September 2000

23 Projektdokumentation: KV Hessen, Tel. 069/79502–488

24 Name von der Autorin geändert

25 Aus: Isabel Nitzsche, *Abenteuer Karriere* (siehe Literaturverzeichnis)

26 Name von der Autorin geändert

27 Konrad, Stefan und Hendl, Claudia, *Stark durch Gefühle*, Augustus Verlag, Augsburg 1997

28 Daniel Goleman, *Emotionale Intelligenz*, Hanser, München 1996

29 Angela Seifert, *Jetzt pack ich's an. Wie Sie Ihr verborgenes Lebens-Skript entdecken, umschreiben und endlich glücklich werden*, Trias Verlag, Stuttgart 1999

30 Name von der Autorin geändert

31 *Journal of Personality and Social Psychology*, Vol. 76, 2/99

32 *Wirtschaftswoche* vom 2. 12. 1999

33 Aus: Anke Richter, *Aussteigen auf Zeit. Das Sabbatical-Handbuch*, vgs Verlag, Köln 1999

34 *Bizz* 5/2000

35 *Psychologie heute*, September 2000

36 *Psychologie heute*, September 1999

37 *Süddeutsche Zeitung* vom 20. Juni 2000

38 *Redbook*, Juli 2000

39 *Süddeutsche Zeitung* vom 8. August 2000

40 *Psychologie heute*, Dezember 1999

41 Steward Leighton H. u. a., *Zucker-Knacker. Das Ernährungskonzept der Zukunft. Dauerhafter Gewichtsverlust durch veränderten Umgang mit Zucker*, Mosaik, München 1999

42 Bärbel Wardetzki, *Ohrfeige für die Seele*, Kösel-Verlag, München 2000

43 Terrence Real, *Mir geht's doch gut. Männliche Depressionen, warum sie so oft verborgen bleiben, woran man sie erkennt und wie man sie heilen kann*, Scherz, München 1999

LITERATUR

Asgodom, Sabine: *Balancing. Das ideale Gleichgewicht zwischen Beruf und Privatleben,* Econ, München 2001

Asgodom, Sabine: *Eigenlob stimmt. Erfolg durch Selbst-PR,* Econ, München 1996

Asgodom, Sabine: *Erfolg ist sexy. Die weibliche Formel für mehr Lust im Beruf,* Kösel-Verlag, München 1999

Bennis, Warren/Biederman, Patricia: *Geniale Teams. Das Geheimnis kreativer Zusammenarbeit,* Campus, Frankfurt 1998

Bolles, Richard Nelson: *Durchstarten zum Traumjob. Das Bewerbungshandbuch für Ein-, Um- und Aufsteiger,* Campus, Frankfurt 2000

Coren, Stanley: *Die unausgeschlafene Gesellschaft.* Rowohlt, Reinbek 1999

Csikszentmihalyi, Mihaly: *Flow: Das Geheimnis des Glücks.* Stuttgart, Klett-Cotta, Stuttgart 1999

Csikszentmihalyi, Mihaly: *Lebe gut! Wie Sie das Beste aus Ihrem Leben machen,* Klett-Cotta, Stuttgart 1999

Goleman, Daniel: *Emotionale Intelligenz,* Hanser, München 1996

Hormann, John: *Future Work. Signale für das Leben im 3. Jahrtausend,* Universum-Verlagsanstalt, Wiesbaden 1998

Klein, Richard: *Schöne fette Welt. Ein Lob der Fülle,* Goldmann, München 1997

Koch, Richard: *Das 80/20-Prinzip. Mehr Erfolg mit weniger Aufwand,* Campus, Frankfurt 1998

Konrad, Stefan/Hendl, Claudia: *Stark durch Gefühle.* Augustus Verlag, Augsburg 1997

Neff, Thomas J./Citrin, James M.: *Von den Besten lernen. Die 30 Erfolgsgeheimnisse der Führungselite,* Moderne Industrie, Landsberg 2000

Nitzsche, Isabel: *Abenteuer Karriere. Ein Survival-Guide für Frauen,* Rowohlt TB, Reinbek 2000

Norwood, Mandi: *How to be number one.* Thorsons, London 2000

Richter, Anke: *Aussteigen auf Zeit. Das Sabbatical-Handbuch,* vgs Verlag, Köln 1999

Rieger, Jacqueline: *Der Spaßfaktor. Über die Vereinbarkeit von Spaß und Arbeit,* Gabal, Offenbach 1999

Rückert, Hans-Werner: *Schluss mit dem ewigen Aufschieben. Wie Sie umsetzen, was Sie sich vornehmen,* Campus, Frankfurt 2000

Steward, Leighton H. u. a.: *Zucker-Knacker. Das Ernährungskonzept der Zukunft. Dauerhafter Gewichtsverlust durch veränderten Umgang mit Zucker,* Mosaik, München 1999

Wardetzki, Bärbel: *Ohrfeige für die Seele. Wie wir mit Kränkung und Zurückweisung besser umgehen,* Kösel-Verlag, München 2000

Wolf, Kirsten: *Karriere durch Networking und Privatleben. Erfolgreich Beziehungen knüpfen im Beruf.* Falken, Niedernhausen 1999

REGISTER